만화로 배우는
지텔프 문법

만화로 배우는
지텔프 문법

글 이기택, 박원주
그림 강성호

BM (주)도서출판 성안당

머리말

"만화로 배우는 지텔프 문법"을 내면서…

성안당 지텔프 기출 시리즈와 지텔프 모의고사를 집필한 저자들이 심혈을 기울여 **[만화로 배우는 지텔프 문법]**을 출간하게 되었습니다. 자연스러운 스토리와 익살스러운 그림을 통해 지텔프 문법을 쉽고 재미있게 배울 수 있도록 하였습니다. 특히 재치 있는 대사와 빠른 전개, 그리고 문법 핵심 정리 등으로 구성하여 지텔프 문법에 대한 흥미와 함께 학습 효과를 극대화할 수 있도록 하였습니다.

[만화로 배우는 지텔프 문법]에는 기사(knight)가 되기 위해 수행 길에 오른 돈키호테(Donkeyhote)와 그의 일행이 지텔프월드(G-TELP World)를 여행하면서 겪은 여러 사건과 모험이 담겨 있습니다. 이 여행을 통해 지텔프 문법 7개 영역인 시제, 가정법, 준동사, 조동사, 연결어, 관계사, 당위성 등의 문법 사항을 차례대로 섭렵하게 됩니다. 의협심이 강하고 도전 정신은 있지만 허세와 빈틈도 많은 기사 지망생 돈키호테(Donkeyhote)와 솔직하고 재치와 센스가 넘치는 수행 집사 산쵸(Sancho), 그리고 대사는 없지만 여행 내내 길잡이 역할을 하는 말 로드난테(Roadnante)와 지텔프 문법 지식에 능통한 문법 마법사(Grammar Witch)가 등장합니다.

[만화로 배우는 지텔프 문법], 이 책을 지텔프 시험에 입문하고자 하는 학생들이나 지텔프 시험을 준비하면서 지텔프 문법에 어려움을 느끼는 수험생들, 그리고 영어 문법을 만화로 재미있게 배우고 싶은 모든 분들께 권해 드립니다. 지텔프 문법에서 출제되는 7개 문법 영역의 예문들이 돈키호테와 산쵸의 여행 스토리 속 대사에 녹아 있어 재미있는 만화를 읽으면서 지텔프 문법을 자연스럽게 익히는 학습 효과를 기대하실 수 있습니다.

꿈과 도전 정신을 가지고 돌진하는 돈키호테처럼, 이 책으로 지텔프 문법에 도전해 보시길 바랍니다. [만화로 배우는 지텔프 문법]을 통해 지텔프 문법을 빠르게 습득하고 학업과 취업에서 좋은 성과를 이루시길 진심으로 응원합니다.

이기택, 박원주

제 2 장

가정법 공략기

1. 가정법 과거   058
2. 가정법 과거완료   061

머리말   004
등장인물 소개   008
프롤로그   010

제 1 장

시제 공략기

1. 단순시제   014
2. 완료시제   026
3. 진행시제   040
4. 완료진행시제   048

제 3 장

준동사 공략기

1. 동명사   068
2. to부정사   074

제 4 장
조동사 공략기

1. can / could   094
2. will / would   097
3. should / must   100
4. may / might   103

제 6 장
관계사 공략기

1. 관계대명사 who / whose / whom   128
2. 관계대명사 which   132
3. 관계대명사 that   134
4. 관계대명사 what   136
5. 관계부사   139

제 5 장
연결어 공략기

1. 이유, 양보 접속사   110
2. 시간, 조건 접속사   113
3. 대조, 역접 접속부사   116
4. 양보, 첨가 접속부사   120

제 7 장
당위성 및 이성적 판단 공략기

1. 당위성 동사   150
2. 이성적 판단 형용사   154

부록 ● 지텔프 문법 연습 문제와 해설   162

등장인물 소개

돈키호테
Donkeyhote

꿈과 도전 정신이 있는 기사 지망생. 본인은 25살이라고 주장하지만, 실제로는 나이가 두 배는 더 많아 보인다. 어린 시절부터 기사 수련을 받아왔으며 기사가 되는 것이 인생 최대 목표이다. 다소 허세가 있고 체면을 중요하게 여기지만 겁이 많고 덜렁거려 실수를 달고 다닌다.

산쵸
Sancho

돈키호테의 수행 집사를 맡고 있는 젊은 청년. 매우 동안이어서 10대 후반으로도 보인다. 시골에서 자라 사투리가 심하고 촌스럽지만, 심성이 착하고 솔직하며 배우고자 하는 열의가 있다. 영리하여 여행 중에 생긴 문제들을 해결하는 재치와 센스를 보여 준다.

문법 마법사
Grammar Witch

지텔프 문법에 능통한 마법사로 마법을 이용해 공간을 이동하거나 마법 빗자루를 타고 하늘을 날아다닌다. 장난을 아주 좋아해서 대화 중에 갑자기 나타나 사람들을 깜짝 놀라게 하기도 하지만, 문법에 대해 꼼꼼하고 친절하게 알려 준다.

로드난테
Roadnante

돈키호테가 타고 다니는 하나뿐인 애마로 당근을 가장 좋아하며 먹성에 비해 비쩍 말라 늘 허기진 모습을 하고 있다. 암기력이 좋아 한번 간 장소는 잊지 않고, 잘 기억해서 길을 찾아가는 능력이 탁월하다. 지텔프월드를 여행하며 필요한 주요 문법 사항을 안내해 준다.

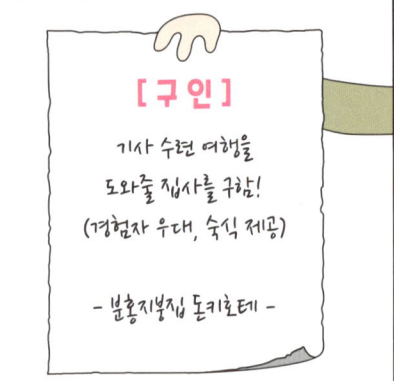

1. 단순시제

시제란 문장의 시간적 개념으로 주로 동사 형태의 변화를 통해 나타냅니다. 단순시제에는 현재, 과거, 미래 시제가 있습니다.

- 현재시제: Sancho usually **gets** up at six-thirty in the morning.
  산쵸는 보통 아침 6시 30분에 일어난다.
- 과거시제: Donkeyhote **bought** the horse 7 years ago.
  돈키호테는 7년 전에 그 말을 샀다.
- 미래시제: Donkeyhote **will** travel all over G-TELP World to become a knight.
  돈키호테는 기사가 되기 위해 지텔프월드를 여행할 것이다.

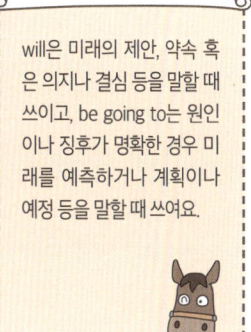

 **단순시제**

1. 현재시제

반복적이고 습관적인 행동, 속담이나 격언 등을 말할 때 사용합니다. 현재시제는 다음과 같은 부사 표현들과 함께 쓰입니다.

> **빈도부사**: always / usually / often / sometimes / seldom / rarely / never
> **그외 시간 부사구**: every + 시간명사(day / month / year / time)
> **on + 시간명사의 복수형**(Sundays / Mondays)

I **usually get** up at six-thirty.
나는 보통 6시 30분에 일어난다.

I **ride** my horse **every morning**.
나는 매일 아침마다 말을 탄다.

2. 과거시제

과거에 시작해서 과거에 종료된 일이나 상황을 말할 때 사용합니다. 과거시제는 yesterday, last week / month / year, ~ago, when절 등 과거 표시 부사 표현과 함께 쓰입니다.

I **started** taking a lesson to become a butler **when I was ten**.
내가 열 살 때, 집사가 되기 위한 수업을 받기 시작했다.

I **bought** Roadnante **7 years ago**.
나는 7년 전에 로드난테를 샀다.

3. 미래시제

미래를 나타낼 때는 동사원형 앞에 조동사 will을 붙입니다. will은 미래의 예정, 약속, 혹은 의지나 결심 등을 말할 때 주로 쓰입니다.

We **will** explore G-TELP World.
우리는 지텔프월드를 탐험할 것이다.

I **will** become a real knight.
나는 진짜 기사가 될 것이다.

I **will** visit other parts of the castle tomorrow.
나는 내일 이 성의 다른 지역들을 방문할 것이다.

원인이나 징후가 명확한 경우 미래를 예측하거나 계획 또는 예정 등을 나타낼 때는 be going to가 동사원형 앞에 쓰입니다.

I **am going to** visit the other parts of the castle tomorrow.
나는 내일 이 성의 다른 지역들을 방문할 예정이다.

2. 완료시제

완료시제는 기준 시점을 중심으로 그 시점보다 앞서 시작된 행동이나 상황이 그 시점까지 계속되거나 영향을 미치는 경우에 쓰입니다. 완료시제에는 현재완료, 과거완료, 미래완료가 있어요.

- 현재완료: Donkeyhote **has taken** knighthood training classes since he was ten.
  돈키호테는 열 살 때 이후로 기사 수련 수업을 받아 왔다.
- 과거완료: When Sancho arrived there, the horse **had** already **eaten** all the carrots.
  산쵸가 거기에 도착했을 때, 그 말은 이미 모든 당근을 다 먹었다.
- 미래완료: By next week, Donkeyhote and Sancho **will have had** a lot of trouble.
  다음 주쯤, 돈키호테와 산쵸는 많은 어려움을 겪게 될 것이다.

제1장 : 시제 공략기

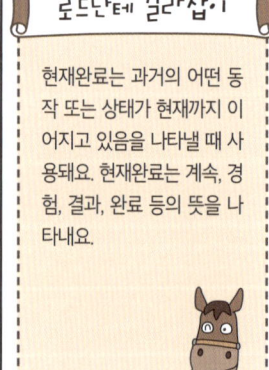

 **완료시제**

1. 현재완료(have / has + 과거분사)

과거의 어떤 행동이나 동작 또는 상태가 현재까지 이어지고 있음을 나타낼 때 쓰입니다. 현재완료는 완료, 계속, 경험, 결과 등의 뜻을 나타냅니다. 현재완료시제가 완료의 의미를 나타낼 때는 just / already / yet과 함께 쓰이고, 계속의 의미일 때는 since / for ~와 함께 쓰이며, 경험의 의미일 때는 빈도부사나 횟수를 나타내는 말과 함께 쓰입니다.

We **have just arrived** at this village. (완료)
우리는 방금 이 마을에 도착했다.

I **have taken** knighthood training classes **since I was ten**. (계속)
나는 열 살 때부터 계속 기사 수련 수업을 받고 있다.

Sancho **has never been** to the Royal Castle. (경험)
산쵸는 왕궁 성에 전혀 가 본 적이 없다.

Sancho **has lost** his hat. (결과)
= Sancho lost his hat and he doesn't have it now.
산쵸는 모자를 잃어버렸다.

2. 과거완료(had + 과거분사)

과거의 어떤 시점을 기준으로 그보다 더 앞서 일어났었던 일이 그 과거 시점까지 이어질 때 쓰입니다. 과거완료시제는 주로 when / before / until / by the time + 과거시제절과 함께 쓰여요.

By the time I arrived here, Roadnante **had** already **eaten** all the carrots.
내가 여기 도착했을 무렵, 로드난테는 이미 모든 당근을 다 먹었었다.

Roadnante **had been hungry until I gave the carrots to him**.
로드난테는 내가 그것에게 당근을 주기 전까지는 계속 배고픈 상태였었다.

3. 미래완료(will have + 과거분사)

미래의 어떤 시점을 기준으로 그 이전부터 시작된 행동이 그 시점까지 계속되거나 완료되거나 결과로 남아 있을 때 쓰입니다. 미래완료시제는 주로 by the time + 현재시제절, by + 미래시점 등과 함께 쓰입니다.

By the time the adventure ends, I **will have completed** all the courses to be a real knight.
모험이 끝날 때쯤 나는 진짜 기사가 되기 위한 모든 과정을 마칠 것이다.

By next week, you **will have experienced** a lot of trouble.
다음 주쯤, 너는 많은 어려움을 겪을 것이다.

3. 진행시제

진행시제는 어떤 동작이 기준 시점에 진행되고 있는 것을 나타낼 때 쓰입니다. 진행시제에는 현재진행, 과거진행, 미래진행 시제가 있는데, 지텔프 문법에서 각각 1문항씩 출제되고 있어요.

- 현재진행: Sancho is **is pulling** out weeds from the field now. 산쵸는 지금 밭에서 잡초를 뽑고 있다.
- 과거진행: The village chief **was** often **fighting** with local gangsters when he was young. 촌장은 젊었을 때, 지역 건달들과 자주 싸움을 하고 있었다.
- 미래진행: Sancho's sister **will be waiting** for birthday presents this weekend. 산쵸의 여동생은 이번 주말에 생일 선물을 기다리고 있을 것이다.

His mother cooks some food for our breakfast now. (x)

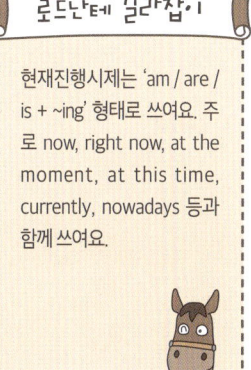

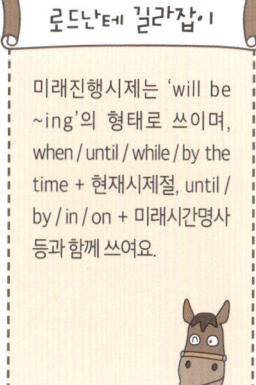

 **진행시제**

1. 현재진행(am / are / is + ~ing)

현재에 진행 중인 동작을 나타낼 때 사용합니다. 현재진행시제는 주로 now, right now, at the moment, at this time, currently, nowadays 등과 함께 쓰입니다.

His mother **is cooking** some food for our breakfast **now**.
그의 어머니가 지금 우리 아침밥을 하고 있다.

Your stomach **is growling** **at the moment**.
지금 너의 배에서 꼬르륵 소리가 나고 있다.

2. 과거진행(was / were + ~ing)

과거의 어느 시점에서 진행 중이었던 동작을 나타낼 때 사용합니다. 과거진행시제는 when / while + 과거시제절, at that exact moment 등의 부사 표현과 함께 쓰입니다.

When I was young, I **was** often **fighting** with local gangsters.
내가 젊었을 때, 나는 자주 동네 건달들과 싸우고 있었다.

Some of the gangsters **were running** away **as soon as they saw me**.
건달들 중 몇몇은 나를 보자마자 도망치고 있었다.

3. 미래진행(will be + ~ing)

미래의 어느 시점에 진행하고 있을 동작을 나타낼 때 사용합니다. 미래진행시제는 when / until / while / by the time + 현재시제절, until / by / in / on + 미래시간명사 등과 함께 쓰입니다.

My sister will be waiting for birthday presents this weekend.
내 여동생은 이번 주말에 생일 선물을 기다리고 있을 것이다.

My mother will be preparing our dinner by 6.
내 어머니가 6시까지 우리 저녁을 준비하고 있을 것이다.

4. 완료진행시제

완료진행시제는 기준 시점을 중심으로 그보다 이전에 시작된 행동이나 상황이 그 시점까지 계속 진행됨을 나타냅니다. 현재완료진행, 과거완료진행, 미래완료진행 시제가 있는데, 지텔프 문법에서 각각 1문항씩 출제됩니다.

- 현재완료진행: Sancho's sister **has been suffering** from dizziness for 10 years.
  산쵸의 여동생은 10년 동안 어지럼증에 시달려 왔다.
- 과거완료진행: The man **had been staying** in a neighboring village before he came back to his village. 그 남자는 그의 마을에 돌아오기 전에 이웃 마을에서 지내고 있었다.
- 미래완료진행: His grandmother **will have been cooking** chicken soup for one hour.
  그의 할머니는 치킨 수프를 한 시간 동안 요리하고 있을 것이다.

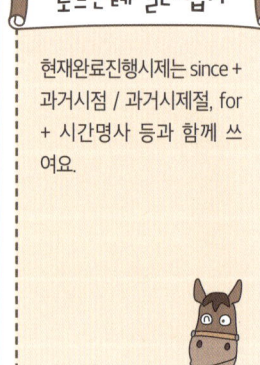

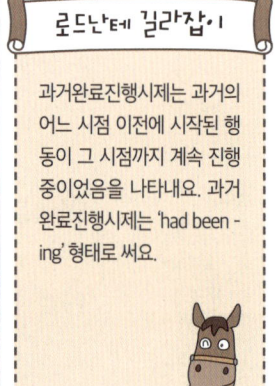

 **완료진행시제**

1. 현재완료진행(have / has been ~ing)

과거에 시작해서 현재까지 계속 진행 중인 동작을 나타낼 때 사용합니다. 현재완료진행시제는 since + 과거시점 / 과거시제절, for + 시간명사 등과 함께 쓰입니다.

My father **has been making** dolls **for twenty years**.
나의 아버지는 20년 동안 인형을 계속 만들고 있다.

My sister **has been suffering** from dizziness **since she was three years old**.
내 여동생은 세 살 때부터 계속 어지럼증에 시달려 왔다.

2. 과거완료진행(had been ~ing)

과거의 어느 시점 이전에 시작된 행동이 그 시점까지 계속 진행 중이었다는 것을 나타낼 때 사용합니다. 과거완료진행시제는 주로 when / before / until / by the time + 과거시제절, for + 기간명사 등과 함께 쓰입니다.

I **had been staying** in a neighboring village **when you came to this village**.
당신이 이 마을에 왔을 때, 나는 이웃 마을에서 지내고 있었다.

The girl **had been suffering** from the same disease **before she took the medicine**.
그 소녀는 그 약을 복용하기 전에는 똑같은 병을 앓아 오고 있었다.

3. 미래완료진행(will have been ~ing)

미래의 어느 시점 이전에 시작된 일이 미래의 그 시점까지 계속되고 있을 것임을 나타낼 때 쓰입니다. 미래완료진행시제는 주로 by + 미래시점, in + 미래시점, by the time + 미래시점, for + 시간명사 등과 함께 쓰입니다.

By next week, I **will have been making** my knighthood trip for three years.
다음 주면 나는 3년째 기사 수련 여행을 하고 있을 것이다.

By the time we arrive at my house, my grandma **will have been cooking** chicken soup for one hour.
우리가 집에 도착할 무렵, 할머니가 치킨 수프를 한 시간 동안 요리하고 있을 것이다.

지텔프 시제 문제 공략법

지텔프 문법에서는 현재진행, 과거진행, 미래진행, 현재완료진행, 과거완료진행, 미래완료진행시제가 각각 1문항씩 출제됩니다. 각 시제와 함께 주로 사용되는 시간부사구나 부사절을 암기해 두면 좋아요.

1. 가정법 과거

가정법은 사실과 반대되는 것을 상상하거나 가능성이 희박한 것을 가정하여 말하는 방법입니다. 가정법 과거는 현재 사실과 반대되는 것을 가정하여 말할 때 써요. 지텔프 문법에서 가정법 과거 문제는 3문항씩 출제되고 있어요.

If + 주어 + 과거형 동사 ~,

주어 + would/should/could/might + 동사원형 ~.

If the village chief were young and healthy, he would go and hunt the monsters.
마을 촌장이 젊고 건강하다면, 그는 그 괴물들을 잡으러 갈 것이다.

2. 가정법 과거완료

가정법 과거완료는 과거 사실과 반대되는 것을 가정할 때 씁니다. 지텔프 문법에서 가정법 과거완료 문제는 3문항씩 출제되고 있어요.

If + 주어 + had p.p. ~ ,
주어 + would/should/could/might + have p.p. ~ .

If the village chief **had** not **hurt** his leg, he **could have captured** the monsters.
촌장이 다리를 다치지 않았었더라면, 그는 그 괴물들을 잡을 수 있었을 것이다.

제가 다리를 다치지 않았었더라면, 고블린을 잡을 수 있었을 텐데요.
If I **had** not **hurt** my leg, I **could have captured** Goblins.

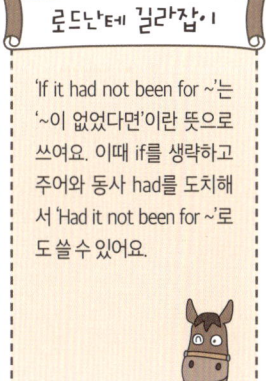

 **가정법**

1. 가정법 과거

현재 사실과 반대되는 것을 가정할 때 쓰입니다. 현재에 가능성이 희박한 것을 가정하면서 완곡하게 표현하는 방식으로, 다음과 같은 문장 형태를 취합니다.

> If + 주어 + 과거형 동사 ~, 주어 + would / should / could / might + 동사원형 ~.

If I **knew** Goblins' hiding places, I **would go** and hunt them.
내가 고블린의 은신처를 안다면, 나는 그것들을 잡으러 갈 것이다.
(= 사실은 내가 고블린의 은신처를 몰라서, 나는 그것들을 잡으러 갈 수 없다.)

If Goblins **didn't live** in caves, we **could capture** them easily.
고블린이 동굴에 살고 있지 않다면, 우리가 그것들을 쉽게 잡을 수 있을 텐데.
(= 사실은 고블린이 동굴 속에 살고 있어서, 우리는 그것들을 쉽게 잡을 수 없다.)

'If it were not for ~'는 '~이 없다면'이란 뜻으로 쓰이고, 이때 if를 생략하고 주어와 동사 were를 도치해서 'Were it not for ~'로도 쓸 수 있습니다.

Were it not for you, I **could** not even **try** capturing Goblins.
= **If it were not for** you, I **could** not even **try** capturing Goblins.
= **Without** you, I **could** not even **try** capturing Goblins.
= **But for** you, I **could** not even **try** capturing Goblins.
　당신이 없다면, 나는 고블린을 잡으려고 시도도 못할 것이다.

2. 가정법 과거완료

과거 사실과 반대되는 것을 가정할 때 쓰입니다. 과거 사실과 반대인 경우를 가정하면서 완곡하게 표현하거나 과거에 이루지 못한 것에 대한 아쉬움을 표현하는 방식으로, 다음과 같은 문장 형태를 취합니다.

If + 주어 + had p.p. ~, 주어 + would / should / could / might + have p.p. ~.

If I **had** not **hurt** my leg, I **could have captured** Goblins.
내가 다리를 다치지 않았었더라면, 나는 고블린을 잡을 수 있었을 것이다.

If I **had chased** after money, I **would** not **have traveled** to be a knight.
내가 돈을 쫓았다면, 기사가 되려고 여행을 다니지도 않았을 것이다.

'If it had not been for ~'는 '~이 없었다면'이란 뜻으로 쓰이고, 이때 if를 생략하고 주어와 동사 had를 도치해서 'Had it not been for ~'로도 쓸 수 있어요.

If it had not been for you, I **could** not **have heard** about the medicine.
= **Had it not been for** you, I **could** not **have heard** about the medicine.
= **Without** you, I **could** not **have heard** about the medicine.
= **But for** you, I **could** not **have heard** about the medicine.
당신이 없었다면, 나는 그 약에 대해 들을 수 없었을 것이다.

지텔프 가정법 문제 공략법
if절의 시제가 과거이면 주절의 형태가 '주어 + would/should/could/might + 동사원형'이고 if절의 시제가 과거완료이면 주절의 형태가 '주어 + would/should/could/might + 동사원형'이라는 것을 꼭 암기하세요.

1. 동명사

동명사는 동사원형에 ~ing를 붙여서 명사와 같은 역할을 합니다. 동명사는 문장에서 마치 명사처럼 주어, 보어, 목적어로 쓰입니다. 지텔프 문법에서는 동명사 문제가 3문항 출제되고 있어요.

- 주어 역할: **Fighting** against the monsters is very dangerous.
  그 괴물들과 맞서 싸우는 것은 매우 위험하다.
- 보어 역할: His goal is **helping** people in danger. 그의 목표는 위험에 처한 사람들을 돕는 것이다.
- 목적어 역할: Donkeyhote never considers **running** away from a battle.
  돈키호테는 전투에서 도망치는 것을 결코 생각하지 않는다.

동명사를 목적어로 취하는 동사
advise(충고하다), admit(인정하다), allow(허락하다), consider(고려하다), practice(연습하다), feel like(~하고 싶다), enjoy(즐기다), keep(계속하다), discuss(토론하다), finish(끝내다), mention(언급하다), postpone(연기하다), recommend(추천하다), avoid(피하다), delay(미루다), dislike(싫어하다), insist(주장하다), mind(꺼리다), quit(그만두다), deny(부인하다), involve(포함하다), miss(놓치다), recall(생각해 내다), suggest(제안하다)

제 3 장 : 준동사 공략기

2. to부정사

to부정사는 'to + 동사원형'의 형태를 취하며 문장에서 명사적 용법, 형용사적 용법, 부사적 용법으로 쓰입니다.

- **명사적 용법**: Donkeyhote decided **to fight** against the monsters.
  돈키호테는 그 괴물들에 맞서 싸울 것을 결심했다.
- **형용사적 용법**: Donkeyhote doesn't have enough money **to spend** during his travel.
  돈키호테는 여행하는 동안 쓸 충분한 자금이 없다.
- **부사적 용법**: Sancho should go tho the pharmacy **to get** the medicine.
  산쵸는 약을 구하기 위해 그 약국에 가야 한다..
- **목적격 보어**: Donkeyhote encouraged people **to fight** against the monsters.
  돈키호테는 사람들이 그 괴물과 싸우도록 힘을 북돋워 주었다.

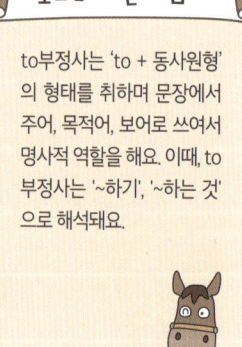

로드난테 길라잡이

to부정사를 목적어로 취하는 동사
decide(결심하다), hesitate(주저하다),
want(원하다), wish(소망하다), hope(희망하다),
need(필요로 하다), expect(기대하다),
desire(갈망하다), agree(동의하다),
choose(선택하다), learn(배우다),
plan(계획하다), promise(약속하다),
refuse(거절하다), pretend(~인 체하다),
aim(목표로 하다)

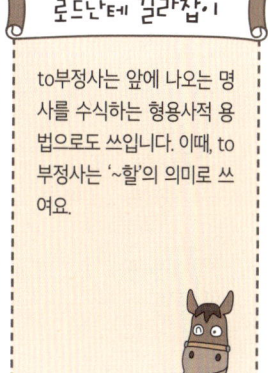

제 3 장 : 준동사 공략기

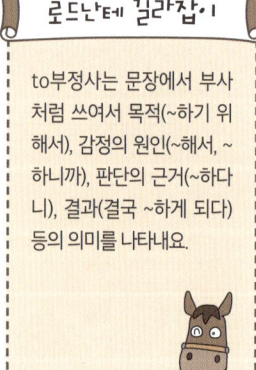

1. 동명사의 역할

동명사는 동사원형에 -ing가 붙은 형태로 쓰이며, 명사와 같은 역할을 합니다. 동명사는 문장에서 마치 명사처럼 주어, 보어, 목적어로 쓰입니다.

Fighting against Goblins is very scary. (주어 역할)
고블린과 맞서 싸우는 것은 매우 무서운 일이다.

Our goal is **capturing** Goblins. (주격 보어 역할)
우리의 목표는 고블린을 잡는 것이다.

I dislike **running** away from a battle. (목적어 역할)
나는 전투에서 도망치는 것을 싫어한다.

2. 동명사를 목적어로 취하는 동사

다음 동사들은 동명사를 목적어로 취하는 동사이며, 꼭 암기해 두세요.

> advise(충고하다), admit(인정하다), allow(허락하다), consider(고려하다), practice(연습하다), feel like(~하고 싶다), enjoy(즐기다), keep(유지하다), discuss(토론하다), finish(끝내다), mention(언급하다), postpone(연기하다), recommend(추천하다), avoid(피하다), delay(미루다), dislike(싫어하다), insist(주장하다), mind(꺼리다), quit(그만두다), deny(부인하다), involve(포함하다), miss(놓치다), recall(생각해내다), suggest(제안하다)

We should **avoid fighting** against them directly.
우리는 그것들과 직접 맞서서 싸우는 것은 피해야 한다.

I don't **enjoy setting** traps.
나는 덫을 놓는 것을 즐기지 않는다.

3. to부정사의 명사적 용법

to부정사(to + 동사원형)는 문장에서 마치 명사처럼 주어, 목적어, 보어의 역할을 하며 '~하는 것', '~하기'로 해석됩니다.

To capture Goblins was very dangerous. (주어 역할)
고블린을 잡는 것은 매우 위험했다.

I promised **to capture** Goblins. (목적어 역할)
나는 고블린을 잡겠다고 약속했다.

My goal is **to become** a real knight and help people in trouble. (주격 보어 역할)
내 목표는 진짜 기사가 되어 어려움에 처한 사람들을 돕는 것이다.

4. to부정사를 목적어로 취하는 동사

다음 동사들은 to부정사를 목적어로 취하는 동사이며, 꼭 암기해 두세요.

> **decide**(결심하다), **hesitate**(주저하다), **want**(원하다), **expect**(기대하다), **need** (필요로 하다), **wish**(소망하다), **hope**(희망하다), **desire**(갈망하다), **agree**(동의하다), **choose**(선택하다), **learn**(배우다), **plan**(계획하다), **promise**(약속하다), **refuse**(거절하다), **pretend**(~인 체하다), **aim**(목표로 하다)

I **decided to fight** against Orcs.
나는 오크와 맞서 싸울 것을 결심했다.

We **need to join** forces with each other.
우리는 서로 힘을 합치는 것을 필요로 한다.

I just **want to help** people in danger.
나는 그저 위험에 처한 사람들을 돕기를 원한다.

5. to부정사를 목적격 보어로 취하는 동사

다음 동사들은 to부정사를 목적격 보어로 취하는 동사이며, 꼭 암기해 두세요.

> allow(허락하다), encourage(격려하다), invite(초대하다), permit(허락하다), require(요구하다), ask(요구하다), convince(설득하다), expect(기대하다), persuade(설득하다), tell(말하다), warn(경고하다), cause(야기하다), enable(가능하게 하다), force(강요하다), order(명령하다), urge(촉구하다)

Goblins **encouraged** people **to cheer** up and fight again.
고블린은 마을 사람들이 힘을 내서 다시 싸우도록 힘을 북돋워 줬다.

Donkeyhote **enabled** us **to win**.
돈키호테는 우리가 이기는 것을 가능하게 했다.

6. to부정사의 형용사적 용법

to부정사는 앞에 나오는 명사를 수식하는 형용사적 용법으로도 쓰이며, 이때 to부정사는 '~할'이라는 의미로 쓰입니다.

We don't have enough money to spend during our travel.
우리는 여행에서 쓸 자금이 충분하지 않다.

Finally, I found a way to get medicine for my sister.
드디어 나는 여동생을 위한 치료약을 구할 방법을 알아냈다.

7. to부정사의 부사적 용법

to부정사는 문장에서 부사처럼 쓰여서 목적(하기 위해서), 감정의 원인(~해서, ~하니까), 판단의 근거(~하다니), 결과(결국 ~하게 되다) 등의 의미를 나타냅니다.

Firstly, you should go to the pharmacy to get the medicine for your sister. (목적)
먼저, 너는 너의 여동생을 위한 약을 구하기 위해 그 약국에 가야 한다.

I was so happy to hear about the medicine. (감정의 원인)
나는 그 약에 대해 들어서 매우 기뻤다.

It is very kind of you to care about my sister. (판단의 근거)
제 여동생을 걱정해 주시다니 당신은 정말 친절하시군요.

Your sister will get over her illness and live to be over 80 years old. (결과)
너의 여동생은 병이 나아서 80세 넘게 살게 될 것이다.

1. can / could

조동사는 동사 앞에 쓰여서 동사에 가능, 의무, 예정, 의지 등 다양한 의미를 더해 줌으로써 동사를 도와주는 말입니다. 조동사 뒤에는 반드시 동사원형이 쓰입니다. 지텔프 문법에서 조동사 문제는 2문항이 출제됩니다.
조동사 can은 능력이나 가능을 나타낼 때 쓰입니다. could는 의문문에서는 정중한 요청을, 평서문에서는 확실성이 낮은 가능성을 나타낼 때 쓰입니다.

- 가능: Sancho's sister **can** be healed if she takes the medicine.
  산쵸의 여동생은 그 약을 복용하면 나을 수 있다.
- 정중한 표현: **Could** you bring me some bandages?
  저에게 밴드 좀 가져다 주실래요?.

2. will / would

조동사 will은 '~할 것이다'는 미래나 예정, 혹은 의지를 나타낼 때 동사원형 앞에 쓰이고, 조동사 would는 '~하곤 했었다'는 과거의 습관을 나타낼 때 쓰입니다.

- 의지: I **will** take care of the lizard until it gets better.
  도마뱀이 나을 때까지 내가 돌봐줄 것이다.
- 미래: It **will** get dark soon, so the injured animal has to find shelter.
  곧 어두워질 것이어서 그 다친 동물은 은신처를 찾아야 한다.
- 과거의 습관: Donkeyhote **would** take young animals to his house.
  돈키호테는 어린 동물들을 집에 데려가곤 했었다.

The lizard **will** be in danger if we leave it behind here.

I **will** take care of the lizard until it gets better.

3. should / must

조동사 should는 '~해야 한다'는 의무, 당연의 뜻을 나타내고, 조동사 must는 '반드시 ~해야 한다'는 강한 의무나 '~임에 틀림없다'는 강한 확신의 의미를 나타냅니다.

- **의무**: Sancho **should** be careful not to let the animal be found by Donkeyhote.
  산쵸는 그 동물이 돈키호테에게 발각되지 않도록 조심해야 한다.
- **강한 의무**: Donkeyhote and Sancho **must** get to the castle before the sun sets.
  돈키호테와 산쵸는 해가 지기 전에 성에 도착해야 한다.

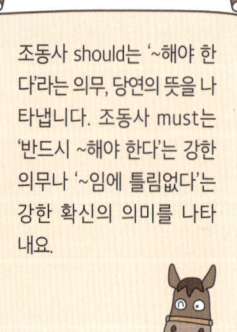

4. may / might

조동사 may는 '~일지 모른다'는 추측을 나타내거나 '~해도 된다'는 허락의 뜻을 나타냅니다. 조동사 might는 가능성이 더 낮은 추측을 나타냅니다.

- 추측: **People over there may be in trouble and need some help.**
  저기에 있는 사람들은 어려움에 처해 있고 도움이 필요할지 모른다.

- 허락: **May I use your horse to pull the carriage?**
  제가 그 마차를 끌어당기기 위해 당신의 말을 사용해도 될까요?

- 약한 추측: **Sancho might become friends with the pretty girl.**
  어쩌면 산초가 그 예쁜 소녀와 친구가 될지도 모른다.

제 4 장 : 조동사 공략기

조동사

1. can / could

조동사 can은 '~할 수 있다'는 능력이나 가능을 나타내고, 조동사 could는 의문문에 쓰이면 정중한 요청을 나타내며, 평서문에 쓰이면 can의 과거형으로 쓰이거나 확실성이 낮은 가능성을 나타냅니다.

My sister **can** be healed if I get her the medicine. (가능)
내가 그 약을 구해 주면, 내 여동생이 나을 수 있다.

The lizard **cannot** walk because it hurt its leg. (능력)
도마뱀이 다리를 다쳐서 걸을 수 없다.

Could you bring me some bandages? (정중한 표현)
저에게 붕대 좀 가져다 줄 수 있나요?

2. will / would

조동사 will은 '~할 것이다'라는 뜻으로 미래나 예정, 혹은 의지를 나타내고, 조동사 would는 '~하곤 했다'라는 뜻으로 과거의 습관을 나타냅니다.

The lizard **will** be in danger if we leave it behind here. (미래)
우리가 도마뱀을 여기에 두고 가면, 도마뱀은 위험할 것이다.

I **will** take care of the lizard until it gets better. (의지)
도마뱀이 나을 때까지 내가 돌봐 줄 것이다.

I **would** bring young animals to my house. (과거의 습관)
나는 어린 동물들을 집에 데려오곤 했었다.

3. should / must

조동사 should는 '~해야 한다'라는 의무, 당연의 뜻을 나타내고, 조동사 must는 '반드시 ~해야 한다'라는 강한 의무나 '~임에 틀림없다'라는 강한 확신의 의미를 나타냅니다.

You **should** keep quiet if you don't want to be found by my master.
주인님에게 발견되지 않기를 원하면, 너는 조용히 있어야 된다.

We **should** hurry up and get to the Royal Castle.
우리는 서둘러서 왕궁 성에 도착해야 한다.

We **must** get to the castle before it is closed.
우리는 성문이 닫히기 전에 성에 도착해야만 한다.

They **must** be tired now because they walked all day.
그들은 하루 종일 걸었기 때문에 지금 피곤함에 틀림없다.

4. may / might

조동사 may는 '~일지 모른다, ~일 것이다'라는 추측 혹은 '~해도 된다'라는 허락의 의미를 나타내고, 조동사 might는 may보다 가능성이 더 낮은 추측을 나타냅니다.

People over there **may** need our help.
저기에 있는 사람들은 우리의 도움이 필요할지 모른다.

May I help you get your carriage through the cracks in the rocks?
당신의 마차가 바위틈을 빠져 나오도록 제가 당신을 도와드려도 될까요?

I **might** become friends with that pretty girl.
나는 저 예쁜 소녀와 친구가 될 지도 모른다.

1. 이유, 양보 접속사

연결어는 문장이나 절을 이어주는 말입니다. 연결어에는 접속사와 접속부사가 있는데, 지텔프 문법에서 연결어 문제는 2문항이 출제됩니다.

- 이유의 의미를 나타내는 접속사에는 'because, as, since' 등이 있습니다.
  Sancho didn't notice the wings of the animal **because** they are too small.
  산쵸는 그 동물의 날개가 너무 작아서 그것들을 알아채지 못했다.

- 양보의 의미를 나타내는 접속사에는 'though, although, even though' 등이 있습니다.
  Though Donkeyhote objected to carrying the animal, Sancho secretly brought it.
  비록 돈키호테가 그 동물을 데리고 다니는 것을 반대했지만, 산쵸는 그것을 몰래 데리고 왔다.

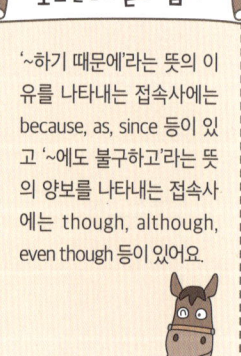

2. 시간, 조건 접속사

시간을 나타내는 접속사에는 'when, while, until' 등이 있고, 조건을 나타내는 접속사에는 'if, unless' 등이 있습니다. 시간이나 조건을 나타내는 접속사가 이끄는 절 안에서 현재시제가 쓰이면 미래의 의미를 나타냅니다.

When Sancho first saw the girl, he fell in love with her in an instant.
산쵸가 그 소녀를 처음 보았을 때, 그는 순식간에 그녀와 사랑에 빠졌다.

If it doesn't rain, Donkeyhote will show Sancho around the castle.
비가 오지 않으면, 돈키호테는 산쵸에게 성을 구경시켜 줄 것이다.

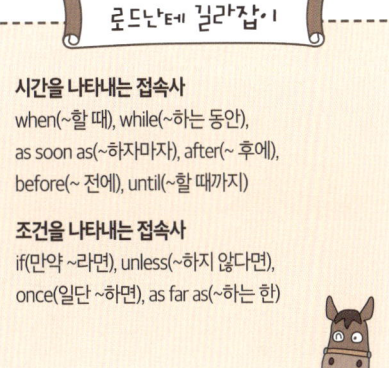

3. 대조, 역접 접속부사

접속사는 하나의 문장 내에서 두 절을 연결시킬 때 쓰이지만, 접속부사는 뒤에 콤마와 함께 쓰이면서 앞뒤 문장을 연결시킬 때 쓰입니다. 접속부사는 문장의 맨 앞에 나오며 두 단어 이상이 모여서 하나의 접속부사 역할을 하는 경우도 있습니다. 대조, 역접의 의미를 나타내는 접속부사에는 however처럼 한 단어로 된 것도 있고, on the contrary처럼 여러 단어가 구를 이룬 것도 있습니다.

The pharmacist knows how to make the medicine. However, he can't make it now.
약사는 그 약을 만드는 방법은 알고 있다. 하지만 그는 지금은 그것을 만들 수 없다.

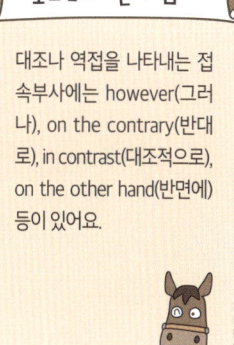

4. 양보, 첨가 접속부사

- 양보의 의미를 나타내는 연결어에는 though, although와 같은 접속사도 있고, nevertheless, nonetheless와 even so 같은 접속부사도 있습니다.

  Sancho is afraid of the dragon. **Nevertheless**, he should fight against it.

  산쵸는 그 용을 무서워한다. 그럼에도 불구하고 그는 용과 맞서 싸워야 한다.

- 첨가의 의미를 나타내는 접속부사에는 in addition, besides, moreover, furthermore 등이 있습니다.

  Sancho saw the girl by chance yesterday. **Moreover**, he ran into her again today.

  산쵸는 어제 그녀와 우연히 만났다. 게다가 그는 오늘 그녀와 다시 마주쳤다.

That dragon is very scary. **Nevertheless**, I should fight against it.

연결어

연결어는 문장이나 절을 이어주는 말이며, 연결어에는 접속사와 접속부사가 있습니다.

1. 이유, 양보의 접속사

'~하기 때문에'라는 뜻을 가진 이유의 접속사에는 because, as, since 등이 있고 '~에도 불구하고'라는 뜻을 가진 양보의 접속사에는 though, although, even though 등이 있습니다.

It doesn't seem to be a lizard **because** it has wings.
그것은 날개가 있기 때문에 도마뱀이 아닌 것 같다.

I didn't recognize the wings **since** they are too small.
날개들이 너무 작아서 나는 그 날개들을 알아보지 못했다.

Though he refused to carry it with us, I had no choice but to bring it.
그가 그것을 데리고 다니는 것을 거절했음에도, 나는 어쩔 수 없이 그것을 데려와야만 했다.

Although I have to leave after a while, I'm glad to see you.
비록 내가 잠시 뒤에 떠나야 하더라도, 당신을 만나게 되어 기쁘다.

2. 시간, 조건의 접속사

시간을 나타내는 접속사에는 when(~할 때), while(~하는 동안), as soon as(~하자마자), after(~ 후에), before(~ 전에), until(~할 때까지) 등이 있고, 조건을 나타내는 접속사에는 if(만약 ~라면), unless(~하지 않다면), once(일단 ~하면), as far as(~하는 한) 등이 있습니다.

When I first saw her, she looked like an angel.
그녀를 처음 보았을 때, 그녀는 마치 천사처럼 보였다.

As soon as I saw her, I fell in love with her.
그녀를 보자마자 나는 그녀와 사랑에 빠졌다.

If I see her again, I want to be friends with her.
만약에 내가 그녀를 다시 만나면, 나는 그녀와 친구가 되고 싶다.

Unless it rains, I will show you around the castle.
비가 오지 않으면, 내가 너에게 성을 구경시켜 줄 것이다.

3. 대조 및 역접의 접속부사

대조나 역접을 나타내는 접속부사에는 however(그러나), on the contrary(반대로), in contrast(대조적으로), on the other hand(반면에) 등이 있습니다.

I know how to make the medicine. **However**, I can't make it now.
나는 그 약을 만드는 방법은 알고 있다. 그러나 지금은 만들 수 없다.

Dragons are usually gentle. **On the other hand**, they turn violent when they get angry.
용들은 보통 온순하다. 반면에 그것들은 화가 나면 사납게 변한다.

4. 양보, 첨가의 접속부사

양보의 접속부사에는 '그럼에도 불구하고'라는 뜻을 가진 nevertheless와 nonetheless가 있고, even so(그렇기는 하지만) 등이 있습니다. '게다가'라는 뜻을 가진 첨가의 접속부사에는 in addition, besides, moreover, furthermore가 있습니다.

That dragon is very scary. **Nevertheless**, I should fight against it.
저 용은 매우 무섭다. 그럼에도 불구하고 나는 용과 맞서 싸워야 한다.

The dragon is very dangerous. **Even so**, we should defeat it.
그 용은 대단히 위험하다. 그렇긴 하지만, 우리는 용을 무찔러야 한다.

You helped me yesterday. **In addition**, you are trying to defeat the fierce dragon today.
당신은 어제 나를 도왔다. 게다가 오늘은 저 사나운 용을 무찌르려 애쓰고 있다.

In the woods, I saw the girl by chance. **Moreover**, I came across her here again.
숲에서 나는 그 소녀를 우연히 만났다. 게다가 나는 여기서 그녀와 다시 마주쳤다.

제 5 장 : 연결어 공략기   125

지텔프 연결어 문제 공략법
앞뒤 문장을 해석하고 보기의 연결어를 하나씩 대입하여 가장 자연스러운 연결어를 고르세요. 평소에 자주 출제되는 접속사와 접속부사의 뜻을 익혀 두면 좋아요.

1. 관계대명사 who/whose/whom

관계사에는 관계대명사와 관계부사가 있습니다. 관계대명사는 두 문장을 연결하는 접속사의 기능과 명사를 대신 받는 대명사의 기능을 동시에 하고, 관계부사는 접속사의 기능과 부사의 기능을 동시에 합니다. 지텔프 문법에서 관계사 문제는 2문항이 출제됩니다.

선행사가 사람이고 관계사절 안에서 주어 역할을 하면 주격 관계대명사 who를 쓰고, 목적어 역할을 하면 목적격 관계대명사 whom(who)을 쓰고, 소유격 역할을 하면 소유격 관계대명사 whose를 씁니다.

- 주격 관계대명사 who

  Donkeyhote and Sancho are **the men who** helped the girl in the forest.

  돈키호테와 산쵸는 숲 속에서 그 소녀를 도와줬던 사람들이다.

- 목적격 관계대명사 whom(who)

  Sancho lured the dragon in the other direction to protect **the girl whom** he likes.

  산쵸는 그가 좋아하는 소녀를 보호하기 위해 그 용을 다른 쪽으로 유인했다.

- 소유격 관계대명사 whose

  Donkeyhote is traveling with **a young man whose** name is Sancho.

  돈키호테는 이름이 산쵸인 젊은 청년과 함께 여행 중이다.

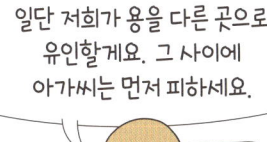

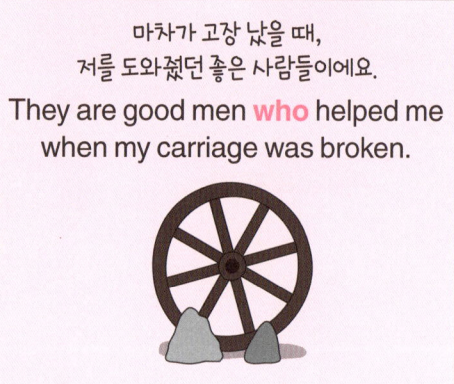

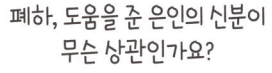

2. 관계대명사 which

선행사가 사물이나 동물일 때, 관계대명사 which를 사용합니다. 관계대명사 which는 관계사절 안에서 주어 역할과 목적어 역할을 합니다.

- 주격: Sancho has never seen such an **angry dragon which** gives off fire.
  산쵸는 불을 뿜는 그렇게 성난 용을 결코 본 적이 없다.

- 목적격: On the street, there is **the pharmacy which** Donkeyhote and Sancho visited.
  그 거리에는 돈키호테와 산쵸가 방문했던 약국이 있다.

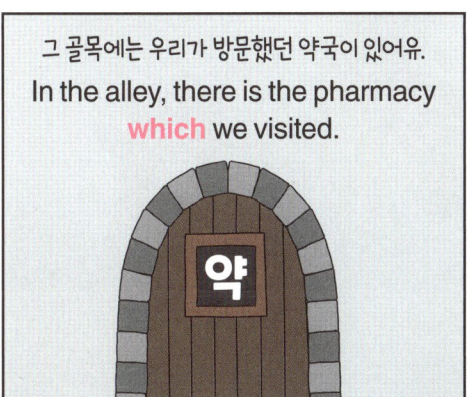

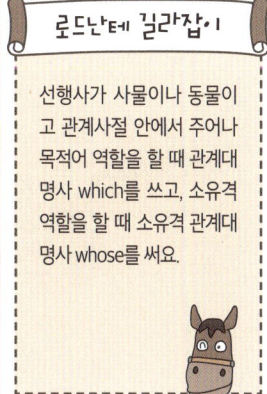

3. 관계대명사 that

관계대명사 that은 선행사가 사람, 사물, 동물일 때 모두 쓰일 수 있습니다. 주격과 목적격으로 모두 쓰일 수 있어서 관계대명사 who나 which 대신 쓰일 수 있습니다. 그러나 관계대명사 that은 소유격 형태가 없고, 계속적 용법에는 쓰이지 않습니다.

The animal has **wings that** are too small to notice.
= The animal has **wings which** are too small to notice.
  그 동물은 알아차리기엔 너무 작은 날개를 가지고 있다.

The baby dragon has **that** are too small to notice.

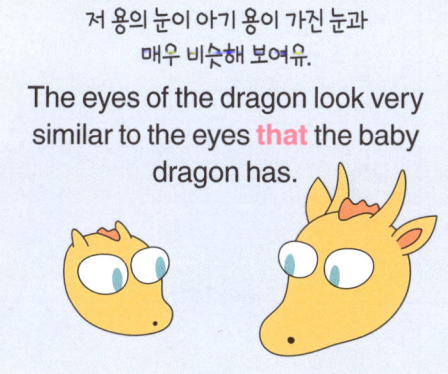

The eyes of the dragon look very similar to the eyes **that** the baby dragon has.

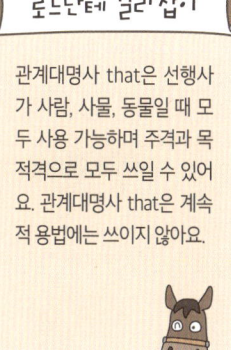

로드난테 길라잡이

관계대명사 that은 선행사가 사람, 사물, 동물일 때 모두 사용 가능하며 주격과 목적격으로 모두 쓰일 수 있어요. 관계대명사 that은 계속적 용법에는 쓰이지 않아요.

4. 관계대명사 what

관계대명사 what은 선행사를 포함하고 있어서, 앞에 명사가 따로 나오지 않는다는 특징이 있습니다. 관계대명사 what은 주격과 목적격 관계대명사로 쓰이며, what이 이끄는 절은 문장에서 주어, 목적어, 보어 등의 명사적 역할을 해요.

- 주격 관계대명사: **What** made the dragon angry was the disappearance of its baby.
  그 용을 화나게 한 것은 그것의 새끼가 사라졌기 때문이다.

- 목적격 관계대명사: Sancho didn't understand **what** Donkeyhote meant by that.
  산쵸는 돈키호테가 무슨 뜻으로 그 말을 했는지 이해하지 못했다.

5. 관계부사

관계부사는 접속사의 기능과 부사의 기능을 동시에 하는 말입니다. 관계부사 when은 시간을 나타내는 명사를 선행사로 취하고, 관계부사 where는 장소를 나타내는 말을, 관계부사 why는 이유를 나타내는 말을 선행사로 취합니다. 관계부사 how는 방법의 의미를 나타내지만 선행사 the way와 함께 쓰이지 않습니다.

- 선행사가 시간을 나타낼 경우

  This is **the time when** Sancho says goodbye to the baby dragon.
  이제 산쵸가 아기 용에게 작별 인사를 할 시간이다.

- 선행사가 장소를 나타낼 경우

  The dragon flew toward **the place where** Sancho had found the baby dragon.
  그 용은 산쵸가 아기 용을 발견했던 곳 쪽으로 날아갔다.

- 선행사가 이유를 나타낼 경우

  Now, people get to know **the reason why** the dragon got so angry.
  이제야 사람들은 그 용이 그렇게 화가 났던 이유를 알게 된다.

- 선행사가 방법을 나타낼 경우

  This is **how** Donkeyhote and Sancho resolved the conflict.
  = This is **the way** Donkeyhote and Sancho resolved the conflict.
  이게 바로 돈키호테와 산쵸가 갈등을 해결했던 방법이다.

제 6 장 : 관계사 공략기

 **관계사**

관계사에는 관계대명사와 관계부사가 있습니다. 두 문장을 연결하는 접속사의 기능과 명사를 대신 받는 대명사의 기능을 동시에 하는 말이 관계대명사이고, 접속사의 기능과 부사의 기능을 동시에 하는 말이 관계부사입니다.

- **한정적 용법**: 관계사절이 앞에 나오는 선행사를 수식합니다.
- **계속적 용법**: 관계사 앞에 콤마가 오면서 관계사절이 앞에 나오는 선행사에 대해 부연 설명합니다.

1. 관계대명사 who / whose / whom

선행사가 사람이고 관계사절 안에서 주어 역할을 하면 주격 관계대명사 who를 쓰고, 목적어 역할을 하면 목적격 관계대명사 whom(who)를 쓰고, 소유격 역할을 하면 소유격 관계대명사 whose를 씁니다.

They are good men who helped me when my carriage was broken. (주격)
그들은 내 마차가 고장 났을 때, 나를 도와줬던 좋은 사람들이다.

I have to run as fast as possible to protect the girl whom I like. (목적격)
나는 내가 좋아하는 그 소녀를 보호하기 위해 가능한 빨리 달려야 한다.

The man in the armor is a knight, whose butler is my friend. (소유격)
갑옷을 입은 사람이 기사이고, 그의 집사가 내 친구이다.

2. 관계대명사 which

선행사가 사물이나 동물이고 관계사절 안에서 주어나 목적어 역할을 할 때 관계대명사 which를 쓰고, 소유격 역할을 할 때 소유격 관계대명사 whose를 씁니다.

I've never seen such **an angry dragon which** gives off fire. (주격)
나는 불을 뿜어 대는 그렇게 성난 용은 결코 본 적이 없다.

In the alley, there is **the pharmacy which** we visited. (목적격)
그 골목에는 우리가 방문했던 약국이 있다.

He rides **a horse**, **whose** name is Roadnante. (소유격)
그는 이름이 로드난테인 말을 타고 다닌다.

3. 관계대명사 that

관계대명사 that은 선행사가 사람, 사물, 동물일 때 모두 사용 가능하며, 주격과 목적격으로 모두 쓰일 수 있습니다. 관계대명사 that은 계속적 용법에는 쓰이지 않습니다.

The baby dragon has **wings that** are too small to notice. (주격)
그 아기 용은 너무 작아서 알아차릴 수 없는 날개를 가지고 있다.

The eyes of the dragon look very similar to **the eyes that** the baby dragon has. (목적격)
저 용의 눈이 아기 용이 가진 눈과 매우 비슷해 보인다.

관계대명사 that은 한정적 용법에서만 쓰이고 계속적 용법에서는 쓰일 수 없습니다.

They are good **men that** helped me in the forest. (한정적 용법)
= They are good **men who** helped me in the forest. (한정적 용법)
그들은 숲속에서 나를 도와준 좋은 사람들이다.

They are good **men, that** helped me in the forest. (X) (계속적 용법)
= They are good **men, who** helped me in the forest. (계속적 용법)
그들은 좋은 사람들인데, 그들이 숲속에서 나를 도왔다.

4. 관계대명사 what

관계대명사 what은 선행사를 포함하고 있는 관계대명사로 주격과 목적격으로 모두 쓰입니다. 관계대명사 what은 명사절을 이끌고 '~하는 것, ~하기'라는 뜻으로 쓰입니다.

That is **what** I want to say.
그게 바로 내가 말하고 싶은 것이다.

What made the mother dragon attack people was the disappearance of its baby.
그 어미 용이 사람들을 공격하게 만든 것은 새끼가 사라졌기 때문이다.

At first, I couldn't understand **what** you meant by the words.
처음엔 나는 당신이 무슨 뜻으로 그 말을 했는지 잘 이해하지 못했다.

5. 관계부사

관계부사는 접속사의 기능과 부사의 기능을 동시에 하는 말입니다. 선행사로 시간을 나타내는 명사가 오면 관계부사 when을 쓰고, 장소를 나타내는 선행사가 오면 관계부사 where를 쓰며, 이유를 나타내는 선행사가 오면 관계부사 why를 씁니다. 방법을 나타내는 관계부사는 how인데 선행사(the way)와 나란히 쓰이지 않습니다.

This is **the time when** we say goodbye to the baby dragon.
이제 아기 용에게 작별 인사를 할 시간이다.

The dragon flew toward **the forest where** we had met the baby dragon.
용이 우리가 아기 용과 만났던 숲 쪽으로 날아갔다.

Now, I can see **the reason why** the dragon got so angry and attacked the castle.
이제야 나는 그 용이 그렇게 화가 나서 성을 공격했던 이유를 알겠다.

This is **how** we resolved the conflict.
= This is **the way** we resolved the conflict.
이게 바로 우리가 갈등을 해결했던 방법이다.

아래와 같이 관계부사 how와 선행사 the way가 함께 쓰이면 비문이 됩니다.

This is **the way how** we resolved the conflict. (X)

지텔프 관계사 문제 공략법
선행사의 종류와 관계사절 안에서의 역할을 확인하고서 적합한 관계사를 고르면 됩니다. 선행사 다음에 콤마가 있으면 관계대명사 that이 쓰이지 않는 것도 기억해 두세요.

1. 당위성 동사

당연한 일을 주장, 요구, 제안할 때 that절에 'should + 동사원형'을 사용하여 당위성을 표현합니다. 당위성 동사가 쓰이는 당위성 표현은 다음과 같은 형태를 취합니다. 이때 should는 흔히 생략됩니다. 지텔프 문법에서 당위성과 이성적 판단 유형은 3문항이 출제되고 있어요.

주어 + 당위성 동사 + that + 주어 + (should) 동사원형 ~

The king **commands** that Donkeyhote **(should)** contribute to the prosperity of the Kingdom.
국왕은 돈키호테가 왕국의 번영에 공헌해야 한다고 명한다.

로드난테 길라잡이

당위성 동사
recommend(추천하다), request(요청하다), require(요구하다), advise(조언하다), ask(요청하다), beg(간청하다), command(명령하다), stress(강조하다), demand(요구하다), direct(지시하다), insist(주장하다), instruct(지시하다), intend(의도하다), order(명령하다), prefer(선호하다), propose(제안하다), stipulate(규정하다), suggest(제안하다), urge(촉구하다), warn(경고하다)

2. 이성적 판단 형용사

이성적 판단을 나타내는 표현은 다음과 같은 문장 형태로 쓰입니다. 이때, 이성적 판단을 나타내는 형용사 뒤에 나오는 that절 안에서 should는 흔히 생략되고 동사원형이 쓰입니다.

It is + 이성적 판단 형용사 + that + 주어 + (should) 동사원형 ~.

It is **natural** that we **(should) help** people in danger.
위험에 처한 사람들을 돕는 것은 당연하다.

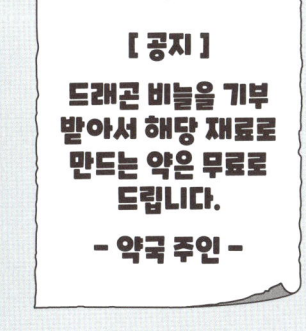
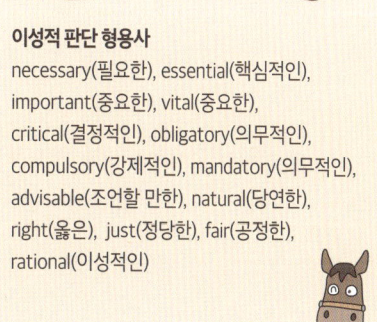

로드난테 길라잡이

이성적 판단 형용사
necessary(필요한), essential(핵심적인), important(중요한), vital(중요한), critical(결정적인), obligatory(의무적인), compulsory(강제적인), mandatory(의무적인), advisable(조언할 만한), natural(당연한), right(옳은), just(정당한), fair(공정한), rational(이성적인)

당위성 동사

당위성 표현

주어 + 당위성 동사 + that + 주어 + (should) 동사원형 ~.

당위성 표현은 전형적으로 다음의 동사와 함께 나오므로 이러한 동사들은 반드시 암기해 두세요.

recommend(추천하다), request(요청하다), require(요구하다), advise(조언하다), ask(요청하다), beg(간청하다), command(명령하다), stress(강조하다), demand(요구하다), direct(지시하다), insist(주장하다), instruct(지시하다), intend(의도하다), order(명령하다), prefer(선호하다), propose(제안하다), stipulate(규정하다), suggest(제안하다), urge(촉구하다), warn(경고하다)

I **command** that you **be** my knight and contribute to the Kingdom.
나는 네가 나의 기사가 되어 왕국에 기여해야 한다고 명령하는 바이다.

I **request** that you **help and protect** the princess of the Kingdom.
나는 당신이 왕국의 공주를 돕고 지켜 주기를 요청한다.

I **demand** that you **dedicate** yourself to the Kingdom and the people.
나는 네가 왕국과 백성에게 헌신하기를 요구한다.

이성적 판단 형용사

이성적 판단 표현

It is + 이성적 판단 형용사 + that + 주어 + (should) 동사원형 ~.

이성적 판단 문제는 전형적으로 다음의 이성적 판단을 나타내는 형용사와 함께 나오므로 이러한 형용사들은 반드시 암기해 두세요.

necessary(필요한), essential(핵심적인), important(중요한), vital(중요한), critical(결정적인), obligatory(의무적인), compulsory(강제적인), mandatory(의무적인), advisable(조언할 만한), natural(당연한), right(옳은), just(정당한), fair(공정한), rational(이성적인)

It is **natural** that we **should help** people in danger.
위험에 처한 사람들을 돕는 것은 당연하다.

It is **important** that we **find out** the cause of a conflict to resolve it.
갈등을 해결하기 위해서 갈등의 원인을 알아내는 것이 중요하다.

지텔프 당위성 문제 공략법
주절에 당위성 동사나 이성적 판단 형용사가 있고 뒤에 that절이 쓰이면 동사원형을 정답으로 고르세요. 당위성 동사와 이성적 판단 형용사 목록을 반드시 암기해 두세요.

1. Sandra is unhappy with the service at the five-star hotel she is staying at and is requesting a refund from the hotel manager. Right now, she _____ a letter to express her frustration and the incompetence of some of the staff.

   (a) will draft
   (b) has been drafting
   (c) is drafting
   (d) drafted

2. The new CEO of the company is quite strict when it comes to the attendance of his employees. He consequently recommended that all newly hired staff members _____ the weekly briefings before lunch.

   (a) will attend
   (b) attend
   (c) have attended
   (d) are attending

3. The black truffle is the second-most commercially valuable species of truffle named after a French region. It is found across Europe, and many famous chefs advocate _____ the delicacy sparingly in pasta sauce or roasted beef.

   (a) to be served
   (b) to serve
   (c) having served
   (d) serving

4. The mega cellular phone company was disturbed by recent reports that a competitor is duplicating an innovative product that they have yet to put on the market. The company's owner _____ emergency meetings when the news makes headlines at the end of this month.

   (a) will still be holding
   (b) will still have held
   (c) were still holding
   (d) have still been holding

5. A sore throat is a painful or scratchy feeling in the throat, which accounts for more than 13 million visits to the hospital each year. Most sore throats are caused by infections or by environmental factors. Therefore, ENT specialists suggest that an infected person _____ medical help for the right treatment.

   (a) will seek
   (b) has sought
   (c) seeks
   (d) seek

6. Some students often fail their examinations because they do not read the instructions thoroughly enough. Last week, Mr. Blackwell, the psychology professor, announced that he plans _____ the exam papers more strictly from next semester.

   (a) correcting
   (b) to have corrected
   (c) having corrected
   (d) to correct

7. The community center is hosting a Thanksgiving dinner party for the children of the neighborhood. By the time the kids arrive at the venue, a team of volunteers _____ the main hall for several hours.

   (a) decorate
   (b) will have been decorating
   (c) have been decorating
   (d) will decorate

8. In order to become successful actors, people should ideally take acting courses and have basic acting skills. Additionally, they should interrogate themselves how far _____ to go in order to reach their objectives if the efforts and the challenges were as rewarding as the benefits.

   (a) they would be inclined
   (b) they would have been inclined
   (c) they will be inclined
   (d) they had been inclined

9. *The Book for Babies* is a non-profit organization that encourages young kids to develop a love of reading at a very young age. It also raises money through fundraisers such as car washes or flea markets. If you want to help, you _____ donate cash or invest your time in the organization's activities.

   (a) can
   (b) will
   (c) should
   (d) would

10. Yesterday, my next-door neighbor, Ms. Wright was bewildered to find her 15-year-old nephew still awake at midnight. She had worked overtime since her office was remodeling the conference room. Thankfully, her nephew _____ his math assignment when she pulled up into the driveway.

    (a) is completing
    (b) has been completing
    (c) will complete
    (d) was completing

11. Located on the roof of One Times Square, the ball drop is a prominent part of the New Year's Eve celebration in New York City, where the ball descends a specially designed flagpole at 11:59:00 p.m. EST. Each year, at least one million spectators enjoy _____ the event live, despite the freezing temperature.

    (a) to watch
    (b) watching
    (c) to be watching
    (d) having watched

12. Even though he has been an experienced and trained lawyer for over a decade, Alan volunteers as an English language teacher for middle school students twice a week. If only he were more available, he _____ the students more frequently.

    (a) would have tutored
    (b) was tutoring
    (c) would tutor
    (d) will tutor

13. According to the USDA's Economic Research Service, roughly 30 to 40 percent of the food in the United States is wasted every year! _____, more than 30 percent of children in Africa suffer from the consequences of chronic malnutrition due to a lack of food.

    (a) Furthermore
    (b) Therefore
    (c) On the other hand
    (d) As a result

14. My father is really disappointed with his last medical check-up and the latest recommendations of his physician. Had he been more careful with his daily nutritional intake, he _____ his cholesterol at a minimum level.

    (a) had kept
    (b) was keeping
    (c) would have kept
    (d) would keep

15. A monopoly is a dominant position of a sector by one company, to the point of excluding all other competitors. Therefore, in free-market nations, it is usually advised to prevent _____ monopolies because they can limit wealth and power to one company.

    (a) encouraging
    (b) to have encouraged
    (c) having encouraged
    (d) to encourage

16. The newly hired English literature professor has made herself a reputation at the university and is considered by her colleagues as the best when it comes to dealing with procrastinators. She _____ in our language department since she completed her doctoral studies two years ago.

    (a) is teaching
    (b) teaches
    (c) has been teaching
    (d) will teach

17. The businessman was compelled to change his investment after he purchased several stocks from a failing business. If he had been more attentive to the market, he _____ a huge financial loss.

    (a) had prevented
    (b) was preventing
    (c) would prevent
    (d) would have prevented

18. Long-held traditions and stereotypes often influence how we dine and drink. In many eastern cultures, for example, steaming, boiling, and stir-frying are the most popular cooking methods _____ the loss of nutrients, while Western dishes tend to be fried or baked for convenience.

    (a) to be preventing
    (b) having prevented
    (c) to prevent
    (d) to have prevented

19. Going on vacation overseas is one of the most thrilling activities one can experience. However, to prepare for a trip abroad, travelers _____ apply for a passport at least six weeks in advance and get a visa if necessary.

    (a) could
    (b) might
    (c) would
    (d) must

20. Near Mount Everest, the highest mountain in the world, is a beautiful region of Nepal called Khumbu, _____ had thick forests with mountains covered with red and pink flowers. But today, Khumbu has lost most of its trees.

    (a) that
    (b) what
    (c) who
    (d) which

21. From a very young age, Jeff started putting away all the cash gifts his parents and grandparents gave him in a piggy bank he had received. If he hadn't put away the money, he _____ enough money to buy himself a new car last week.

    (a) did not get
    (b) would not have gotten
    (c) would not get
    (d) had not gotten

22. It is known that neurological damage from Parkinson's disease can affect a person's sense of smell. _____, a group of medical experts investigated whether those conditions could explain the link between smell and mortality rate.

    (a) Therefore
    (b) Meanwhile
    (c) Moreover
    (d) Besides

23. Beyoncé Knowles-Carter is one of the most acclaimed singer-songwriters who rose to fame in the late 1990s. She _____ as the lead singer of Destiny's Child, an American girl group, for a decade before she became an R&B solo artist.

    (a) sang
    (b) had been singing
    (c) will have sung
    (d) is singing

24. In 1999, the world was a completely different place than it is today. We were on the dawn of a new millennium, _____ cell phones were only beginning to become popular, and social media was not yet the number-one topic of conversation.

    (a) that
    (b) where
    (c) which
    (d) when

25. A friend of mine, Mary was recently hired by a famous Italian artist to pose for a creative art course. The artist was captivated by Mary's physical appearance. If only my friend were a mannequin, the artist _____ her on display in the art class.

    (a) would still have kept
    (b) will still keep
    (c) would still keep
    (d) is still keeping

26. Parents of the low-income communities in East Harlem protested near the city hall, last month. Consequently, several government officials believe it is necessary that the minimum salary _____ for those who are desperately in need.

    (a) has been raised
    (b) be raised
    (c) will be raised
    (d) was raised

해설

1. 시제 (현재진행: right now) ★★

정답 **(c)**

Sandra is unhappy with the service at the five-star hotel she is staying at and is requesting a refund from the hotel manager. Right now, she _____ a letter to express her frustration and the incompetence of some of the staff.

(a) will draft
(b) has been drafting
(c) is drafting
(d) drafted

산드라는 자신이 묵고 있는 5성급 호텔의 서비스에 불만족스러워하며 호텔 매니저에게 환불을 요구하고 있다. 지금, 그녀는 자신의 답답함과 일부 스태프들의 무능함을 전달하기 위해 편지의 초안을 작성하고 있다.

해설 보기에서 동사 draft가 다양한 시제로 나왔으므로 시제 문제이다. 빈칸 앞뒤에 시간부사구나 부사절을 확인한다. 빈칸 앞에 현재진행 시제와 자주 사용되는 부사구 Right now가 나왔고, 현재에 진행 중인 동작을 나타내므로 현재진행시제 (c)가 정답이다.

어휘 request 요청하다 refund 환불 draft 초안을 작성하다 express 표현하다, 전달하다 frustration 답답함 incompetence 무능

참고 현재진행

- 형태: am/are/is ~ing
- 의미: (~하고 있다) 현재에 진행 중인 동작을 나타낸다.
- 자주 쓰이는 부사어구: at the moment, now, right now, at the weekend, at this time/week/month, currently, nowadays, continually, constantly

2 당위성/이성적 판단 (동사: recommend) ★★ 정답 (b)

The new CEO of the company is quite strict when it comes to the attendance of his employees. He consequently recommended that all newly hired staff members _____ the weekly briefings before lunch.

(a) will attend
(b) attend
(c) have attended
(d) are attending

그 회사의 새 사장은 직원들의 참석에 관해서는 상당히 엄격하다. 따라서 그는 새롭게 채용된 모든 직원이 점심 식사 전에 주간 브리핑에 참석해야 한다고 권장했다.

해설 보기에 동사 attend의 다양한 시제와 동사원형이 나왔으므로 시제 문제, 또는 당위성/이성적 판단 문제이다. 빈칸 앞뒤에 시간부사절이나 부사구를 확인하고, 당위성 동사나 이성적 판단 형용사를 확인한다. 빈칸 앞에 동사 recommend는 당위성 동사이므로 뒤에 있는 that절에 should가 생략된 동사원형이 나와야 한다. 따라서 정답은 동사원형 (b)이다.

어휘 strict 엄격한 when it comes to ~에 관하여, ~에 있어서 attendance 출석, 참석 employee 직원 consequently 결과적으로, 따라서 recommend 권장하다 hire 고용하다, 채용하다 attend 출석하다 briefing 브리핑, 간략한 보고

참고 당위성을 나타내는 동사

- 형태: 주어 + 당위성 동사 + that + 주어 + (should) + 동사원형
- 당위성 문제는 다음의 동사와 함께 나온다.
  advise(조언하다), ask(요청하다), beg(간청하다), command(명령하다), stress(강조하다), demand(요구하다), direct(지시하다), insist(주장하다), instruct(지시하다), intend(의도하다), order(명령하다), prefer(선호하다), propose(제안하다), recommend(권장하다), request(요청하다), require(요구하다), stipulate(규정하다), suggest(제안하다), urge(촉구하다), warn(경고하다)

3 준동사 (동명사: advocate) ★★   정답 (d)

The black truffle is the second-most commercially valuable species of truffle named after a French region. It is found across Europe, and many famous chefs advocate _____ the delicacy sparingly in pasta sauce or roasted beef.

(a) to be served
(b) to serve
(c) having served
(d) serving

검은 송로버섯은 프랑스의 지명을 따서 이름 지어진 송로버섯 중 두 번째로 가장 상업적으로 가치가 높은 송로버섯 종이다. 그것은 유럽 전역에서 발견되고 많은 유명한 요리사들은 파스타 소스나 구운 소고기에 아껴 가며 조금씩 그 별미를 제공하는 것을 주장한다.

해설 보기에서 동사 serve가 준동사 형태로 나왔고, 빈칸이 동사의 목적어 자리에 있으므로 준동사 문제이다. 앞에 동사가 동명사를 목적어로 취하는 동사인지 to부정사를 목적어로 취하는 동사인지 확인한다. advocate는 동명사를 목적어로 취하는 동사이므로 동명사 (d)가 정답이다.

오답분석 (c) having served는 완료 동명사로서 주절 동사보다 이전 시제의 상황을 나타낼 때 사용되지만, 이 문맥에서는 주절 동사와 같은 시제의 내용을 나타내므로 (c)는 오답이다. 지텔프 문법 준동사 문제에서 완료형 준동사가 정답으로 나오는 경우는 드물다.

어휘 truffle 송로버섯 commercially 상업적으로 valuable 귀한, 가치가 높은 species 종 named after ~의 이름을 딴 region 지역 advocate 옹호하다, 주장하다 delicacy 맛있는 것, 별미 sparingly 절약하여, 아껴 가며 조금씩

> **참고** 동명사만을 목적어로 취하는 동사
>
> adore(존경하다), advocate(옹호하다), advise(충고하다), admit(인정하다), allow(허락하다), practice(연습하다), feel like(~하고 싶다), enjoy(즐기다), keep(유지하다), consider(고려하다), discuss(토론하다), finish(끝내다), mention(언급하다), postpone(연기하다), recommend(추천하다), avoid(피하다), delay(미루다), dislike(싫어하다), insist(주장하다), mind(꺼리다), quit(그만두다), deny(부인하다), involve(포함하다), miss(놓치다), suggest(제안하다), prevent(예방하다)

4 시제 (미래진행: when + 현재시제절, 부사구 at the end of this month) ★★★   정답 **(a)**

The mega cellular phone company was disturbed by recent reports that a competitor is duplicating an innovative product that they have yet to put on the market. The company's owner _____ emergency meetings when the news makes headlines, at the end of this month.

거대 휴대 전화 회사는 경쟁사가 아직 시장에 내놓지 않은 혁신적인 제품을 복제하고 있다는 최근 보도에 동요했다. 그 회사의 사장은 이 뉴스가 헤드라인을 장식할 이달 말에도 여전히 긴급 회의를 열고 있을 것이다.

(a) will still be holding
(b) will still have held
(c) were still holding
(d) have still been holding

해설 보기에서 동사 hold의 다양한 시제가 나왔으므로 시제 문제이다. 빈칸 앞에 시간부사구나 부사절이 있는지 확인한다. 빈칸 뒤에 시간 부사절 'when + 현재 시제절'이 쓰였는데 when절에서 현재시제가 쓰이면 미래의 의미를 나타내므로 기준 시점이 미래임을 알 수 있다. 또한 부사구 at the end of this month도 기준 시점이 미래임을 나타내며 미래나 미래진행시제와 자주 쓰인다. 따라서 미래진행 (a)가 정답이다.

오답 분석 보기에서 미래와 관련 있는 선택지는 미래진행 (a) will still be holding과 미래완료 (b) will still have held이다. 위 문장에 쓰인 부사구 at the end of this month는 완료 의미가 없는 단순한 미래 시점만 나타내는 부사구이므로 미래완료시제에 적합하지 않다. 따라서 (b)는 오답이다. 참고로 지텔프 문법 시제 문제는 진행시제만 주로 출제되고 있으므로 미래완료 (b)는 정답이 되는 경우가 거의 없다.

어휘 cellular 무선(휴대) 전화의   be disturbed by ~에 동요하다   recent 최근의, 근래의   competitor 경쟁자, 경쟁사   duplicate 복제하다   innovative 혁신적인   put on the market 시장에 내놓다   hold 열다, 개최하다; 잡다   emergency 긴급(의), 응급(의)   headline (신문, 뉴스 등의) 표제, 주요 뉴스

미래진행

- 형태: will be ~ing
- 의미: (~하고 있을 것이다) 미래의 특정 시간에 동작이 진행 중일 것임을 나타낸다.
- 자주 쓰이는 표현: 부사구 – when/if/until + 현재시제절
  부사절 – next week/month/year, next time, until then, in the future, tomorrow

5 당위성/이성적 판단 (동사: suggest) ★ 정답 (d)

A sore throat is a painful or scratchy feeling in the throat, which accounts for more than 13 million visits to the hospital each year. Most sore throats are caused by infections or by environmental factors. Therefore, ENT specialists suggest that an infected person _____ medical help for the right treatment.

(a) will seek
(b) has sought
(c) seeks
(d) seek

인후통은 목구멍이 아프거나 따끔거리는 느낌이 드는 것으로, 매년 1,300만 명이 넘는 이들이 병원을 방문하는 이유가 된다. 대부분의 인후통은 감염이나 환경적인 요인에 의해 발생한다. 그러므로, 이비인후과 전문의들은 감염된 사람이 적절한 치료를 위해 의학적인 도움을 받을 것을 제안한다.

해설 보기에서 동사 seek의 다양한 시제와 동사원형이 나왔고 빈칸 앞에 당위성을 나타내는 동사 suggest가 나왔으므로 당위성 문제이다. 종속절(that절)에서 당위성 조동사 should가 생략된 동사원형이 나와야 하므로 동사원형 (d)가 정답이다.

어휘 sore throat 인후통 scratchy 따끔거리는 account for ~의 이유가 되다, 차지하다 be caused by ~에 의해 야기되다 infection 감염 environmental 환경적인 factor 요인 therefore 그러므로 ENT specialist 이비인후과 전문의 (ear, nose and throat) suggest 제안하다 infected 감염된 medical 의학의 seek 구하다, 찾다 treatment 치료

6 준동사 (to부정사: plan) ★ 정답 **(d)**

Some students often fail their examinations because they do not read the instructions thoroughly enough. Last week, Mr. Blackwell, the psychology professor, announced that he **plans** _____ the exam papers more strictly from next semester.

(a) correcting
(b) to have corrected
(c) having corrected
(d) to correct

몇몇 학생들은 문제의 지시문을 충분히 철저하게 읽지 않아서 시험에서 종종 낙제한다. 지난주, 심리학과 교수인 블랙웰 씨는 다음 학기부터 시험지를 더 엄격하게 교정할 계획이라고 발표했다.

해설 보기에서 동사 correct가 준동사 형태로 나왔으므로 준동사 문제이다. 빈칸 앞에 동사의 유형을 확인한다. 빈칸 앞에 to부정사를 목적어로 취하는 동사 plan이 나왔고 부사의 시제가 주절 동사의 시제와 일치하므로 단순 to부정사인 (d)가 정답이다.

오답분석 보기에서 to부정사 형태로 완료부정사 (b) to have corrected도 나왔으나 부사구 from next semester로 보아, 주절보다 이전의 일을 나타내는 완료부정사는 답이 될 수 없다. 또한 지텔프 문법 문제에서는 완료 준동사가 출제되는 경우는 거의 없다.

어휘 examination 시험 instruction (시험 문제의) 지시문 thoroughly 철저하게 psychology 심리학 announce 발표하다 correct 교정하다 strictly 엄격하게 semester 학기

참고 to부정사를 목적어로 취하는 동사

decide(결정하다), want(원하다), expect(기대하다), need(필요로 하다), wish(소망하다), hope(희망하다), desire(갈망하다), agree(동의하다), choose(선택하다), learn(배우다), plan(계획하다), promise(약속하다), refuse(거절하다), pretend(~인 체하다), aim(목표로 하다)

7 시제 (미래완료진행: by the time + 현재시제절, for + 시간명사) ★★★   정답 (b)

The community center is hosting a Thanksgiving dinner party for the children of the neighborhood. By the time the kids arrive at the venue, a team of volunteers _____ the main hall for several hours.

(a) decorate
(b) will have been decorating
(c) have been decorating
(d) will decorate

주민 센터에서 이웃 아이들을 위한 추수 감사절 저녁 파티를 개최한다. 아이들이 행사장에 도착할 때쯤, 자원봉사자 팀은 몇 시간 동안 메인 홀을 장식하고 있을 것이다.

해설 보기에서 동사 decorate가 다양한 시제로 나왔으므로 시제 문제이다. 빈칸 앞뒤에서 시간부사구나 부사절을 확인한다. 빈칸 앞에 시간부사절 'By the time the kids arrive at the venue'가 나왔는데 시간부사절에서 현재시제가 미래의 의미를 나타내므로 기준 시점이 미래임을 알 수 있다. 또, 빈칸 뒤에 완료시제와 자주 쓰이는 부사구 for several hours가 나왔다. 기준 시점이 미래이면서 그 미래 시점에 일정 기간 동안 계속 진행되는 동작을 나타내므로 미래완료진행 (b)가 정답이다.

오답분석 (d) will decorate는 단순미래시제로, 기준 시점이 미래일 때 쓰인다. 그러나 여기서는 기간을 나타내는 표현인 'for + 시간명사'가 나와 있어 완료시제가 필요하므로 (d)는 오답이다. 지텔프 문법에서는 주로 진행시제가 정답으로 나오며, 단순시제가 정답으로 나오는 경우는 거의 없다.

어휘 community center 주민 센터 neighborhood 동네, 이웃 venue 행사장 volunteer 자원봉사자 decorate 장식하다

참고 미래완료진행

- 형태: will have been ~ing
- 의미: 미래 이전에 시작된 행동이 미래의 특정 시점까지 계속 진행되고 있음을 나타낸다.
- 자주 쓰이는 시간부사 표현: by the time/when + 현재시제절 + (for + 시간명사), by/in + 미래 시점 + (for + 시간명사)

8 가정법 (가정법 과거: if절 + 과거시제) ★★★   정답 (a)

In order to become successful actors, people should ideally take acting courses and have basic acting skills. Additionally, they should interrogate themselves how far _____ to go in order to reach their objectives if the efforts and the challenges were as rewarding as the benefits.

(a) they would be inclined
(b) they would have been inclined
(c) they will be inclined
(d) they had been inclined

성공적인 배우가 되기 위해 이상적으로 사람들은 연기 수업을 들어야 하고 기본적인 연기 능력을 가지고 있어야 한다. 또한 그들은 만약 노력과 도전이 이익만큼 보람이 있다면, 목표에 도달하기 위해 어디까지 갈 의향이 있는지에 대해 스스로에게 질문해야 한다.

해설 보기에서 동사 incline이 다양한 조동사와 같이 나왔으므로 시제 문제 아니면, 가정법 문제이다. 빈칸 앞뒤에 시간부사구나 부사절 또는 조건절을 확인한다. 빈칸 뒤에 if조건절이 있고, 조건절의 시제가 과거(were)이므로 가정법 과거이다. 가정법 과거의 주절에는 'would/should/could/might + 동사원형'이 와야 하므로 (a)가 정답이다.

어휘 ideally 이상적으로 additionally 추가적으로, 또한 interrogate 질문하다 be inclined to + 동사원형 ~할 의향이 있다 reach 도달하다 objective 목표 effort 노력 challenge 도전 rewarding 보람 있는

9 조동사 (가능: can) ★★　　　　　　　　　　　　　　　　　　정답 (a)

The Book for Babies is a non-profit organization that encourages young kids to develop a love of reading at a very young age. It also raises money through fundraisers such as car washes or flea markets. If you want to help, you _____ donate cash or invest your time in the organization's activities.

(a) can
(b) will
(c) should
(d) would

'The Book for Babies'는 어린아이들이 매우 어린 나이에 독서에 대한 사랑을 키울 수 있도록 장려하는 비영리 단체이다. 그 단체는 또한 세차 행사나 벼룩시장과 같은 모금 행사를 통해 돈을 모은다. 만약 당신이 돕고 싶다면, 당신은 현금을 기부하거나 그 단체의 활동들에 당신의 시간을 투자할 수 있다.

해설 보기에서 다양한 조동사가 나왔으므로 조동사 문제이다. 지텔프 문법 빈출 조동사에는 능력, 가능을 나타내는 can, 의무나 강제성을 나타내는 must와 have to, 당위나 권유를 나타내는 should, 그리고 의지를 나타내는 will 등이 있다. 조동사 문제는 보기에 있는 조동사를 빈칸에 하나씩 대입해서 앞뒤 문맥에 맞는 조동사를 찾아야 한다. 빈칸 앞 if절의 해석이 '만약 당신이 돕고 싶다면'이므로 빈칸이 들어간 주절의 해석은 '당신은 그 활동에 현금을 기부하거나 시간을 투자할 수 있다'가 자연스럽다. 가능을 나타내는 조동사 can이 가장 적절하므로 (a)가 정답이다.

오답분석 (b) will은 '~하려고 한다, 할 것이다'(의지, 예정), (c) should는 '~해야 한다'(의무, 당연), (d) would는 '~하곤 했다'(과거의 습관) 혹은 '~할 것이었다'(will의 과거형)의 뜻으로 쓰여서 문맥상 적합하지 않아서 오답이다.

어휘 non-profit organization 비영리 단체　encourage ~하도록 장려하다　develop 개발하다, 발전시키다　raise money 기금을 모으다　fundraiser 모금 행사　car wash (모금용) 세차 행사, 세차장　flea market 벼룩시장　donate 기부하다　invest 투자하다

10 시제 (과거진행: when + 과거시제절) ★★   정답 (d)

Yesterday, my next-door neighbor, Ms. Wright was bewildered to find her 15-year-old nephew still awake at midnight. She had worked overtime since her office was remodeling the conference room. Thankfully, her nephew _____ his math assignment when she pulled up into the driveway.

(a) is completing
(b) has been completing
(c) will complete
(d) was completing

어제 내 옆집에 사는 라이트 씨는 15살 된 조카가 자정에도 깨어 있는 것을 보고 당황했다. 그녀의 사무실이 회의실을 리모델링하고 있어서 그녀는 야근을 했었다. 다행히도, 그녀가 진입로에 차를 세웠을 때 그녀의 조카는 그의 수학 숙제를 마무리하고 있었다.

해설 보기에서 동사 complete가 다양한 시제로 나왔으므로 시제 문제이다. 빈칸 앞뒤에 시간부사구나 부사절을 확인한다. 빈칸 뒤에 시간부사절 when절이 나왔고 when절의 시제가 과거이므로 기준 시점이 과거임을 알 수 있다. 따라서 과거진행 (d)가 정답이다.

어휘 bewildered 당황한 awake 깨어 있는 overtime 초과 근무 remodel 개조하다, 리모델링하다 conference room 회의실 thankfully 다행히도 nephew (남자) 조카 complete 마무리하다, 완성하다 assignment 숙제 pull up 차를 대다 driveway 진입로

과거진행

- 형태: was/were ~ing
- 의미: (~하고 있었다) 과거의 특정 시점에 동작이 진행 중이었음을 나타낸다.
- 자주 쓰이는 시간 표현: when/while + 과거시제절, last + 시간명사, yesterday

11 준동사 (동명사: enjoy) ★★   정답 (b)

Located on the roof of One Times Square, the ball drop is a prominent part of the New Year's Eve celebration in New York City, where the ball descends a specially designed flagpole at 11:59:00 p.m. EST. Each year, at least one million spectators enjoy _____ the event live, despite the freezing temperature.

(a) to watch
(b) watching
(c) to be watching
(d) having watched

원 타임스퀘어 지붕에 위치한 볼 드롭은 뉴욕시 새해 전야 축하 행사의 중요한 부분으로, 그 공은 동부 표준 시간 오후 11시 59분에 특별히 설계된 깃대를 내려간다. 매년, 적어도 백만 명의 관중들이 영하의 기온에도 불구하고 이 행사를 생중계로 보는 것을 즐긴다.

해설 보기에 동사 watch가 준동사 형태로 나왔으므로 준동사 문제이다. 빈칸 앞에 동명사를 목적어로 취하는 동사 enjoy가 쓰였으므로 빈칸에 동명사가 적합하다. 따라서 단순 동명사 (b)가 정답이다.

오답분석 완료 동명사 (d) having watched는 주절 동사보다 한 시제 앞선 상황을 나타낼 때 사용되는데, 이 문맥에서는 주절 동사와 같은 시제의 상황을 나타내므로 완료 동명사 (d)는 오답이다.

어휘 located on ~에 위치한 prominent 중요한, 유명한 celebration 축하 행사 descend 내려가다 flagpole 깃대 EST (Eastern Standard Time) (미국의) 동부 표준 시간 spectator 관중 despite ~에도 불구하고 freezing 너무나 추운, 영하의

12 가정법 (가정법 과거: if절 + 과거시제) ★★

정답 **(c)**

Even though he has been an experienced and trained lawyer for over a decade, Alan volunteers as an English language teacher for middle school students twice a week. If only he were more available, he _____ the students more frequently.

(a) would have tutored
(b) was tutoring
(c) would tutor
(d) will tutor

10년 넘게 능숙하고 숙달된 변호사로 지내 왔지만, 앨런은 일주일에 두 번 중학생들을 위한 영어 교사로 자원봉사를 한다. 그가 좀 더 시간이 있다면, 그는 학생들을 더 자주 지도할 것이다.

해설 보기에 동사 tutor가 다양한 조동사와 나왔고 빈칸 앞에 if절이 있으므로 가정법 문제이다. if절의 시제가 과거(were)이므로 가정법 과거임을 알 수 있다. 가정법 과거의 주절에는 'would/should/could/might + 동사원형'이 와야 하므로 (c)가 정답이다.

어휘 experienced 능숙한, 경험이 풍부한 trained 숙달된, 훈련받은 lawyer 변호사 decade 10년 volunteer 자원봉사를 하다 available (사람이) 시간이 있는 tutor 개인 지도하다 frequently 자주

13 연결어 (접속부사구: on the other hand) ★★★ 정답 (c)

According to the USDA's Economic Research Service, roughly 30 to 40 percent of the food in the United States is wasted every year! _____, more than 30 percent of children in Africa suffer from the consequences of chronic malnutrition due to a lack of food.

(a) Furthermore
(b) Therefore
(c) On the other hand
(d) As a result

미국 농무부의 경제 조사국에 따르면, 미국 식품의 약 30에서 40 퍼센트가 매년 낭비되고 있다고 한다! 반면에, 30 퍼센트가 넘는 아프리카 어린이가 식량 부족으로 인한 만성 영양실조의 결과로 고통받고 있다.

해설 보기에서 다양한 연결어가 나왔으므로 연결어 문제이다. 보기를 하나씩 빈칸에 대입해서 빈칸 앞뒤 문장의 의미와 가장 자연스러운 연결어를 고르면 된다. 빈칸 앞의 내용은 '음식 낭비'이고 뒤의 내용 '음식 부족'이므로 대조, 역접 관계이다. 따라서 대조의 의미를 나타내는 연결어 (c)가 정답이다.

오답분석 (a) Furthermore(게다가), (b) Therefore(그러므로), (d) As a result(결과적으로)는 문맥상 어색한 연결어이므로 오답이다.

어휘 according to ~에 따르면 USDA 미국 농무부 (United States Department of Agriculture) economic 경제의 research 연구, 조사 roughly 대략, 거의 waste 낭비하다 suffer from ~로 고통받다 consequence 결과 chronic 만성적인 malnutrition 영양실조 due to ~ 때문에 lack 부족

참고 대조, 역접을 나타내는 연결어

however(하지만), by contrast(대조적으로), even so(그렇기는 하지만), in contrast(대조적으로), nevertheless(그럼에도 불구하고), on the contrary(반대로), on the other hand(반면에)

14 가정법 (가정법 과거완료: if 생략 도치 구문) ★★★   정답 (c)

My father is really disappointed with his last medical check-up and the latest recommendations of his physician. Had he been more careful with his daily nutritional intake, he _____ his cholesterol at a minimum level.

(a) had kept
(b) was keeping
(c) would have kept
(d) would keep

나의 아버지는 마지막 건강 검진과 내과 주치의의 최근 권고에 정말 낙담하셨다. 매일 영양 섭취에 좀 더 신경 썼다면, 그는 콜레스테롤 수치를 최소 수준으로 유지했을 것이다.

해설 보기에서 동사 keep이 조동사와 같이 나왔고 빈칸 앞에 도치된 형태의 조건절이 있으므로 가정법 문제이다. 빈칸 앞에 'If he had been ~'에서 접속사 if가 생략되고 주어와 had가 도치된 문장 'Had he been ~'가 쓰였으므로 가정법 과거완료이다. 가정법 과거완료의 주절에는 'would/should/could/might + have p.p.'가 와야 하므로 (c)가 정답이다.

어휘 disappointed 낙담한, 실망한   check-up (건강) 검진, 진찰   latest (가장) 최근의   recommendation 권고, 추천   physician 내과 의사   nutritional 영양의   intake 섭취   cholesterol 콜레스테롤   minimum 최소의

참고 가정법에서 주어와 동사의 도치

- 가정법 과거나 가정법 과거완료의 if절에서 if가 생략되면 주어와 동사가 도치된다.
    e.g.) If it were not for your help, I could not complete the project.
    → Were it not for your help, I could not complete the project.
        (당신의 도움이 없다면, 나는 그 과제를 완수할 수 없다.)
    e.g.) If he had been a famous artist, his artworks would have been well known.
    → Had he been a famous artist, his artworks would have been well known.
        (그가 유명한 화가였다면, 그의 예술 작품이 잘 알려졌을 것이다.)

15 준동사 (동명사: prevent) ★★   정답 (a)

A monopoly is a dominant position of a sector by one company, to the point of excluding all other competitors. Therefore, in free-market nations, it is usually advised to prevent _____ monopolies because they can limit wealth and power to one company.

(a) encouraging
(b) to have encouraged
(c) having encouraged
(d) to encourage

독점은 다른 모든 경쟁자를 배제시킬 정도로 한 기업에 의해 한 분야가 지배되는 상태이다. 따라서 자유 시장 국가에서 독점은 한 기업에게 부와 권력을 한정할 수 있기 때문에 일반적으로 독점을 조장하는 것을 방지하도록 권해진다.

해설 보기에서 동사 encourage가 준동사 형태로 나왔으므로 준동사 문제이다. 빈칸 앞에 동사가 동명사를 목적어로 취하는 동사인지 to부정사를 목적어로 취하는 동사인지 확인한다. 동사 prevent는 동명사를 목적어로 취하는 동사이므로 단순 동명사 (a)가 정답이다.

어휘 monopoly 독점   dominant 지배적인, 우위를 차지하는   sector 부문, 분야, 구역   exclude 배제하다   competitor 경쟁자
free-market 자유 시장   nation 국가   advise 권고하다, 충고하다   prevent 막다, 예방하다   encourage 조장하다
limit 한정하다, 제한하다   wealth 부

16 시제 (현재완료진행: since + 과거시제절) ★★★

정답 (c)

The newly hired English literature professor has made herself a reputation at the university and is considered by her colleagues as the best when it comes to dealing with procrastinators. She _____ in our language department since she completed her doctoral studies two years ago.

(a) is teaching
(b) teaches
(c) has been teaching
(d) will teach

새로 채용된 영문학 교수는 대학에서 유명세를 탔고 동료들에게 일을 미루는 사람들을 다루는 것에 관해서는 최고라고 여겨진다. 그녀는 2년 전 박사 과정을 마친 이래로 지금까지 우리 언어학과에서 가르치고 있다.

해설 보기에서 동사 teach가 다양한 시제로 나왔으므로 시제 문제이다. 빈칸 앞뒤에 시간부사구나 부사절을 확인한다. 빈칸 뒤에 접속사 since가 이끄는 절이 과거시제로 쓰였는데, 'since + 과거시제절'이 나오면 '과거 그 시점부터 지금까지 계속'의 의미이므로 빈칸을 포함한 주절은 현재완료나 현재완료진행 시제가 적합하다. 따라서 현재완료진행 (c)가 정답이다.

어휘 literature 문학 make oneself a reputation 유명세를 타다 be considered as ~로 여겨지다 colleague 동료 deal with ~을 다루다, 처리하다 procrastinator (일을) 미루는 사람 department 학과, 부서 complete 마치다, 완결하다 doctoral 박사 학위의

참고 현재완료진행

- 형태: have/has been ~ing
- 의미: (~해오고 있는 중이다) 과거에 시작한 행동이 현재까지 계속 진행되고 있음을 나타낸다.
- 자주 쓰이는 시간부사어구: since + 과거 시점 / 과거시제절(~한 이래로), for + 시간명사(~동안), lately(최근에)

17 가정법 (가정법 과거완료: if절 + 과거완료) ★★ 정답 (d)

The businessman was compelled to change his investment after he purchased several stocks from a failing business. If he had been more attentive to the market, he _____ a huge financial loss.

(a) had prevented
(b) was preventing
(c) would prevent
(d) would have prevented

그 사업가는 실패한 업체에서 몇몇 주식을 사들인 후 투자를 변경할 수밖에 없었다. 그가 시장에 좀 더 신경을 썼더라면 막대한 금전적 손실을 막을 수 있었을 것이다.

해설 보기에 동사 prevent가 다양한 조동사와 같이 나왔고 빈칸 앞에 if조건절이 있으므로 가정법 문제이다. if절의 시제가 과거완료이므로 가정법 과거완료임을 알 수 있다. 가정법 과거완료의 주절에 'would/should/could/might + have p.p.'가 와야 하므로 (d)가 정답이다.

어휘 be compelled to + 동사원형 ~할 수밖에 없다   investment 투자   purchase 구입하다   stock 주식   attentive 주의를 기울이는, 신경을 쓰는   financial 금전적인, 금융의   loss 손실, 손해

참고 가정법 과거완료

- 형태: If + 주어 + had p.p.~, 주어 + would/should/could/might + have p.p. ~.
- 과거에 있었던 일을 반대로 가정해서 말할 때 사용된다.

18 준동사 (to부정사: 형용사적 용법) ★★ 정답 (c)

Long-held traditions and stereotypes often influence how we dine and drink. In many eastern cultures, for example, steaming, boiling, and stir-frying are the most popular cooking methods _____ the loss of nutrients, while Western dishes tend to be fried or baked for convenience.

(a) to be preventing
(b) having prevented
(c) to prevent
(d) to have prevented

오랫동안 지켜 온 전통과 고정관념은 종종 우리가 어떻게 먹고 마시는지에 영향을 미친다. 예를 들어, 많은 동양 문화권에서는 찌거나 끓이거나 볶는 것이 영양소 손실을 막는 가장 인기 있는 요리 방법인 반면, 서양 요리는 편의상 튀기거나 구워지는 경향이 있다.

해설 보기에서 동사 prevent가 준동사 형태로 나왔으므로 준동사 문제이다. 빈칸 앞에 동사는 나오지 않고 명사가 나왔고 to부정사의 형용사적 용법으로 명사를 수식하는 구조이므로 (c)가 정답이다.

오답분석 (b) having prevented는 완료형 동명사이다. 완료형 동명사는 주절의 동사보다 이전에 일어났던 일에 쓰이는 형태인데, 주절 동사와 준동사의 시제가 일치하므로 (b)는 정답이 될 수 없다. (d) to have prevented는 완료형 to부정사로, 주절 동사와 준동사의 시제가 일치하므로 (d)도 역시 오답이다. 지텔프 문법에서 완료 준동사가 정답이 되는 경우는 드물다.

어휘 long-held 오랫동안 지켜 온 tradition 전통 stereotype 고정관념 influence 영향을 미치다 dine 먹다, 식사하다 eastern 동양의 steam 찌다 boil 끓다 stir-fry (재빨리) 볶다 method 방법 nutrient 영양소 dish 요리 tend to ~하는 경향이 있다 bake 굽다 convenience 편리, 편의

19 조동사 (의무: must) ★★★ 정답 (d)

Going on vacation overseas is one of the most thrilling activities one can experience. However, to prepare for a trip abroad, travelers _____ apply for a passport at least six weeks in advance and get a visa if necessary.

(a) could
(b) might
(c) would
(d) must

해외로 휴가를 가는 것은 사람이 경험할 수 있는 가장 신나는 활동 중 하나이다. 그러나 해외여행을 준비하기 위해서 여행자들은 적어도 6주 전에 미리 여권을 신청하고 필요하다면 비자를 받아야 한다.

해설 보기에 다양한 조동사가 나왔으므로 조동사 문제이다. 빈칸에다 보기에 있는 조동사를 하나씩 대입해서 가장 자연스러운 것을 찾는다. 빈칸이 들어간 문장은 '해외여행을 준비하기 위해서는 여행자들이 적어도 6주 전에 여권을 신청하고 필요하다면 비자를 받아야 한다.'고 해석하는 것이 가장 자연스러우므로 의무의 뜻을 나타내는 조동사 (d)가 정답이다.

오답분석 (a) could는 확실성이 낮은 가능성을 나타내고, (b) might는 약한 추측의 의미를 나타내며, (c) would는 과거의 습관이나 의지를 나타내므로 문맥상 어색해서 오답이다.

어휘 vacation 휴가, 방학 overseas 해외의, 해외로 thrilling 설레는 prepare for ~을 위해 준비하다 abroad 해외로 apply for 신청하다 passport 여권 at least 적어도 in advance 미리 necessary 필요한

20 관계사 (관계대명사: 계속적 용법 which) ★★   정답 (d)

Near Mount Everest, the highest mountain in the world, is a beautiful region of Nepal called Khumbu, _____ had thick forests with mountains covered with red and pink flowers. But today, Khumbu has lost most of its trees.

(a) that
(b) what
(c) who
(d) which

세계에서 가장 높은 산인 에베레스트 산 근처에는 쿰부라고 불리는 네팔의 아름다운 지역이 있는데, 그것은 빨간색과 분홍색의 꽃들로 뒤덮인 산들과 울창한 숲을 가졌었다. 그러나 오늘날 쿰부는 대부분의 나무를 잃었다.

해설 보기에서 다양한 관계사가 나왔으므로 관계사 문제이다. 빈칸 앞에 관계사의 선행사를 찾고, 관계사절에서 그 선행사의 역할을 확인한다. 빈칸 앞 선행사는 명사구 'a beautiful region of Nepal called Khumbu'이고 관계사 앞에 콤마가 있다. 선행사가 사물이고 관계사절 안에서 주어 역할을 하며, 관계사가 계속적 용법으로 사용되었으므로 관계대명사 which가 적절하다. 따라서 정답은 (d)이다.

오답분석 (a) that은 선행사가 사물, 사람 모두 가능하나 계속적 용법에 쓰일 수 없어서 오답이다. (b) what은 선행사를 포함한 관계대명사인데 여기에서는 선행사가 있으므로 오답이다. (c) who는 선행사가 사람일 때 쓰이는 관계대명사인데 여기에서는 선행사가 사물이므로 오답이다.

어휘 region 지역   thick 두꺼운, 울창한   cover (뒤)덮다, 씌우다

참고 관계대명사 용법

1. 관계대명사의 선행사
    ① 선행사가 사람인 경우 (who, that) e.g.) I have an uncle who(that) lives in America. (나는 미국에 사는 삼촌이 있다.)
    ② 선행사가 사물인 경우 (which, that) e.g.) Busan is a city which(that) fascinated people. (부산은 사람들을 매혹시키는 도시이다.)
2. 관계사의 한정적 용법 vs. 계속적 용법
    ① 한정적 용법: 앞 문장에서 말하는 대상을 확인할 경우, 즉 다시 언급할 때 사용
      e.g.) I have two watches. The watch which is in the drawer is broken.
            나는 손목시계가 두 개 있다. 서랍 속에 있는 시계는 고장 난 상태이다.
    ② 계속적 용법: 선행사에 대해 정보를 추가할 경우 사용 (관계대명사 that은 쓰이지 않음)
      e.g.) I only have one watch. The watch, which is in the drawer, is broken.
            나는 한 개의 손목시계만 가지고 있다. 그 시계는 서랍 속에 있는데 고장 난 상태이다.
      e.g.) I only have one watch. The watch, that is in the drawer, is broken. (X)

21 가정법 (가정법 과거완료: if절 + 과거완료) ★★

정답 **(b)**

From a very young age, Jeff started putting away all the cash gifts his parents and grandparents gave him in a piggy bank he had received. If he hadn't put away the money, he _____ enough money to buy himself a new car last week.

(a) did not get
(b) would not have gotten
(c) would not get
(d) had not gotten

매우 어린 나이부터 Jeff는 돼지 저금통을 받아 부모님과 조부모님이 주신 모든 현금 선물을 모으기 시작했다. 만약 그가 돈을 저축하지 않았다면, 그는 지난주에 새 차를 사기에 충분한 돈을 구하지 못했을 것이다.

해설 보기에서 동사 get이 다양한 조동사와 같이 나왔으므로 시제 문제 아니면 가정법 문제이다. 빈칸 앞에 if절이 있고, 과거완료 시제가 쓰였으므로 가정법 과거완료이다. 가정법 과거완료의 주절은 '주어 + would/should/could/might + have p.p.'가 와야 하므로 (b)가 정답이다.

어휘 receive 받다 piggy bank 돼지 저금통 put away 모으다, 저축하다

22 연결어 (접속부사: therefore) ★★★ 정답 (a)

It is known that neurological damage from Parkinson's disease can affect a person's sense of smell. _____, a group of medical experts investigated whether those conditions could explain the link between smell and mortality rate.

(a) Therefore
(b) Meanwhile
(c) Moreover
(d) Besides

파킨슨병으로 인한 신경 손상은 사람의 후각에 영향을 미칠 수 있다고 알려져 있다. 따라서 의학 전문가 그룹은 그러한 조건들이 냄새와 사망률 사이의 연관성을 설명할 수 있는지 조사했다.

해설 보기에 다양한 연결어가 나왔으므로 연결어 문제이다. 보기에 있는 연결어를 빈칸에 하나씩 대입하여 문장 앞뒤를 가장 잘 연결할 수 있는 것을 고르면 된다. '신경 손상이 후각에 영향을 미치므로 냄새와 사망률의 사이의 연관성을 조사했다'는 논리로 연결되므로 결과의 의미를 나타내는 연결어 Therefore(그러므로)가 가장 자연스럽다. 따라서 정답은 (a)이다.

오답분석 (b) Meanwhile(한편), (c) Moreover(게다가), (d) Besides(게다가)는 문맥상 어색한 연결어이므로 오답이다.

어휘 neurological 신경의, 신경학의 damage 손상 Parkinson's disease 파킨슨병 affect 영향을 미치다 medical 의학의, 의료의 expert 전문가 investigate 조사하다 explain 설명하다 mortality rate 사망률

참고 결과를 나타내는 연결어

as a consequence(결과적으로), as a result(결과적으로), consequently(결과적으로), so(그래서), hence(그래서), in consequence(그래서), therefore(그러므로), thus(따라서)

23 시제 (과거완료진행: before + 과거시제절, for + 시간명사) ★★★　　　　정답 **(b)**

Beyoncé Knowles-Carter is one of the most acclaimed singer-songwriters who rose to fame in the late 1990s. She _____ as the lead singer of Destiny's Child, an American girl group, for a decade before she became an R&B solo artist.

(a) sang
(b) had been singing
(c) will have sung
(d) is singing

비욘세 놀스 카터는 1990년대 말에 유명세를 탄 가장 호평 받는 가수이자 작곡가 중 한 명이다. 그녀는 R&B 솔로 가수가 되기 전에 미국 걸 그룹인 데스티니 차일드의 리드 보컬로 10년간 노래를 불렀다.

해설 보기에서 동사 sing이 다양한 시제로 나왔으므로 시제 문제이다. 빈칸 앞뒤에서 시간부사구나 부사절을 확인한다. 빈칸 뒤에 시간부사절 'before + 과거시제절'이 있으므로 기준 시점은 과거이다. 또한, 기간의 의미를 나타내는 완료시제 부사구 for a decade도 나왔다. 기준 시점이 과거이고 과거보다 앞서 시작된 행동이 일정 기간 동안 계속 진행 중이었던 상황을 나타내므로 과거완료진행시제가 적합하다. 따라서 (b)가 정답이다.

어휘 acclaimed 호평 받는　songwriter 작곡가　rise to fame 유명세를 타다　lead 주도적인, 이끄는　decade 10년

참고 과거완료진행

- 형태: had been ~ing
- 의미: (~해 오고 있었다) 과거의 특정 시점 이전에 시작된 동작이 그때까지 계속 진행 중이었음을 나타낸다.
- 자주 쓰이는 시간부사 표현: (for + 시간명사) + when/before/until + 과거시제절

24 관계사 (관계부사: when) ★★   정답 (d)

In 1999, the world was a completely different place than it is today. We were on the dawn of **a new millennium**, _____ cell phones were only beginning to become popular, and social media was not yet the number-one topic of conversation.

(a) that
(b) where
(c) which
(d) when

1999년에 세상은 오늘날과 완전히 다른 곳이었다. 우리는 새천년의 여명기에 있었는데, 그때는 휴대 전화가 이제 막 대중화되기 시작하고 있었고 소셜 미디어는 아직 대화의 제1의 주제가 아니었다.

해설 보기에 여러 관계사들이 나왔으므로 관계사 문제이다. 빈칸 앞에 관계사의 선행사를 찾고 관계사절에서 그 선행사의 역할을 확인한다. 빈칸 앞에 선행사는 시간을 나타내는 명사구 a new millennium이며 관계사절이 완벽한 문장 구조를 이루므로, 빈칸에는 시간의 의미를 가진 관계부사 when이 적합하다. 따라서 (d)가 정답이다.

어휘 completely 완전히 dawn 새벽, 여명기 millennium 천 년 conversation 대화

참고 관계부사의 선행사와 격

- 관계부사는 접속사와 부사의 역할을 동시에 한다. 두 절의 연결 부분에서 두 절을 연결하는 접속사 역할을 하면서 동시에 자신이 이끄는 절 안에서 부사 역할을 한다.
- 관계부사가 이끄는 절은 주어나 목적어 같은 필수 성분이 빠져 있지 않은 완벽한 구조가 온다.
- 단, 방법을 나타내는 선행사 the way와 관계부사 how는 함께 오지 않고, 둘 중 하나는 반드시 생략됨에 유의한다.

	선행사	관계부사
장소	the place, the city, the house 등	where
시간	the time, the day, the period 등	when
이유	the reason	why
방법	the way	how

25 가정법 (가정법 과거: if절 + 과거시제) ★★   정답 (c)

A friend of mine, Mary was recently hired by a famous Italian artist to pose for a creative art course. The artist was captivated by Mary's physical appearance. If only my friend were a mannequin, the artist _____ her on display in the art class.

(a) would still have kept
(b) will still keep
(c) would still keep
(d) is still keeping

내 친구 메리는 최근 창의적인 미술 강좌를 위해 포즈를 취하도록 이탈리아의 유명한 화가에 의해 고용되었다. 그 화가는 메리의 외모에 매료되었다. 만약 내 친구가 마네킹이라면, 그 작가는 여전히 그녀를 미술 수업에 전시할 것이다.

해설 보기에서 동사 keep이 다양한 조동사와 같이 나왔으므로 시제 문제 아니면 가정법 문제이다. 빈칸 앞뒤에 시간부사구나 부사절, 아니면 조건절이 있는지 확인한다. 빈칸 앞에 if 조건절이 있고 시제가 과거시제(were)이므로 가정법 과거이다. 가정법 과거의 주절 시제는 'would/should/could/might + 동사원형'이 되어야 하므로 (c)가 정답이다.

어휘 recently 최근에 pose 포즈를 취하다 captivate 사로잡다, 매료시키다 physical 신체적인, 육체의 appearance 외모, (겉)모습 mannequin 마네킹 on display 전시되어, 진열되어

26 당위성/이성적 판단 (형용사: necessary) ★★   정답 (b)

Parents of the low-income communities in East Harlem protested near the city hall, last month. Consequently, several government officials believe it is <mark>necessary</mark> that the minimum salary _____ for those who are desperately in need.

(a) has been raised
(b) be raised
(c) will be raised
(d) was raised

이스트 할렘의 저소득층 지역 부모들은 지난달 시청 근처에서 시위를 벌였다. 결과적으로, 몇몇 정부 관료들은 몹시 어려움에 처한 사람들을 위해 최저 임금이 인상될 필요가 있다고 믿고 있다.

해설 보기에서 동사 raise가 다양한 시제와 동사원형 형태로 나왔다. 시제 문제 아니면 당위성/이성적 판단 문제이다. 빈칸 앞에 주절에 이성적 판단 형용사 necessary가 나왔으므로 당위성/이성적 판단 문제임을 알 수 있다. 이때 that절에는 should가 생략된 동사원형이 와야 하므로 (b)가 정답이다.

어휘 income 수입, 소득 protest 항의하다, 시위하다 city hall 시청 consequently 결과적으로 government official 정부 관료, 공무원 necessary 필요한 minimum salary 최저 임금 raise 인상하다, 올리다 desperately 몹시, 절실하게 in need 어려움에 처한

참고 이성적 판단을 나타내는 형용사가 쓰인 문장

• 형태: It is + 이성적 판단 형용사 + that + 주어 + (should) + 동사원형 ~.
• 당위성 문제는 다음의 이성적 판단, 원인을 나타내는 형용사와 함께 나온다.
 necessary(필요한), essential(핵심적인), important(중요한), vital(중요한), critical(결정적인), obligatory(의무적인), compulsory(강제적인), mandatory(의무적인), advisable(조언할 만한), natural(당연한), right(옳은), just(정당한), fair(공정한), rational(이성적인)

Foreign Copyright:
Joonwon Lee
Address: 3F, 127, Yanghwa-ro, Mapo-gu, Seoul, Republic of Korea
         3rd Floor
Telephone: 82-2-3142-4151, 82-10-4624-6629
E-mail: jwlee@cyber.co.kr

만화로 배우는
지텔프 문법

2022. 11. 14. 초 판 1쇄 인쇄
2022. 11. 21. 초 판 1쇄 발행

지은이 | 이기택, 박원주
그림 | 강성호
펴낸이 | 이종춘
펴낸곳 | BM ㈜도서출판 성안당

주소 | 04032 서울시 마포구 양화로 127 첨단빌딩 3층(출판기획 R&D 센터)
      10881 경기도 파주시 문발로 112 파주 출판 문화도시(제작 및 물류)
전화 | 02) 3142-0036
      031) 950-6300
팩스 | 031) 955-0510
등록 | 1973. 2. 1. 제406-2005-000046호
출판사 홈페이지 | www.cyber.co.kr
ISBN | 978-89-315-5916-3 (13740)
정가 | 18,000원

이 책을 만든 사람들
기획 | 최옥현
진행 | 오영미
교정 · 교열 | 전슬기, 오영미
본문 · 표지 디자인 | 강성호
홍보 | 김계향, 박지연, 유미나, 이준영, 정단비, 임태호
국제부 | 이선민, 조혜란
마케팅 | 구본철, 차정욱, 오영일, 나진호, 장경환, 강호묵
마케팅 지원 | 장상범
제작 | 김유석

이 책의 어느 부분도 저작권자나 BM ㈜도서출판 성안당 발행인의 승인 문서 없이 일부 또는 전부를 사진 복사나 디스크 복사 및 기타 정보 재생 시스템을 비롯하여 현재 알려지거나 향후 발명될 어떤 전기적, 기계적 또는 다른 수단을 통해 복사하거나 재생하거나 이용할 수 없음.

■ 도서 A/S 안내

성안당에서 발행하는 모든 도서는 저자와 출판사, 그리고 독자가 함께 만들어 나갑니다.
좋은 책을 펴내기 위해 많은 노력을 기울이고 있습니다. 혹시라도 내용상의 오류나 오탈자 등이 발견되면 "좋은 책은 나라의 보배"로서 우리 모두가 함께 만들어 간다는 마음으로 연락주시기 바랍니다. 수정 보완하여 더 나은 책이 되도록 최선을 다하겠습니다.
성안당은 늘 독자 여러분들의 소중한 의견을 기다리고 있습니다. 좋은 의견을 보내주시는 분께는 성안당 쇼핑몰의 포인트(3,000포인트)를 적립해 드립니다.

잘못 만들어진 책이나 부록 등이 파손된 경우에는 교환해 드립니다.